李世强 ◎ 编著

跟任何人都聊得来的沟通技巧

不实用的不要讲，不好记的不用谈

一开口就说重点，每句话都击中对方心窝

中国商业出版社

图书在版编目（CIP）数据

跟任何人都聊得来的沟通技巧／李世强编著. —北京：中国商业出版社，2017.4
ISBN 978-7-5044-9816-8

Ⅰ.①跟… Ⅱ.①李… Ⅲ.①心理交往 Ⅳ.①C912.1

中国版本图书馆 CIP 数据核字（2017）第 076980 号

责任编辑：武文胜

中国商业出版社出版发行
010-63180647 www.c-cbook.com
(100053 北京广安门内报国寺 1 号)
新华书店经销
香河利华文化发展有限公司印刷
★★★★★
710×1000 毫米 1/16 17 印张 150 千字
2017 年 10 月第 1 版 2017 年 10 月第 1 次印刷
定价：38.00 元
★★★★★
（如有印刷质量问题可更换）

前　言

中国的文化一脉相承，源远流长。在五千年的文化传承中，我们依靠的就是用语言进行沟通，用文字进行书写。由此可见，语言在我们人类的沟通交流中，和文字的传承有着同样的不可替代性。

沟通这两个字，理解起来比较容易，但要是能做到拥有良好的沟通技巧，确实非常不易。因为每个人都有着自己固定的思维模式，如果你想靠着自己的三寸不烂之舌去改变对方，那肯定不是一件容易的事。例如，和亲戚、朋友、恋人交谈时，认为只要有话直说，丝毫无需拐弯就可以，如果你这么做的话，最后会发现，你与亲朋好友之间就会有着误解以及若隐若现的裂隙，甚至是彼此之间造成伤害；在对同事、客户、合作伙伴时，你觉得只要真诚相待就会赢得所有人的尊重，答案当然也会是否定的。

人活一世，会遇到各式各样的人，在与他们交往中，我们要做的就是把握好尺度，沟通中就更是如此了。语言的力量在于张弛有度，深一分不行，浅一分也不行，我们只有找到真正适合彼此的沟通方式，气氛才能缓和下

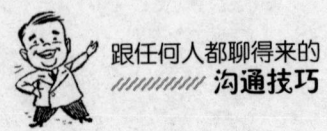

来,最终和我们趋于一致。

俗话说,交友莫如交心,动人莫如动情。与人沟通时,我们要做的就是先找到真正适合自己的沟通方式。与其说讲话拼的是艺术,不如说拼的是人心,谁能先说动人心,谁就能取得与人沟通的最后胜利。只要我们的话语能够走进对方心里,我们就能完成一次出色的沟通。

石油大王洛克菲勒说:"假如人际沟通能力也是同糖或咖啡一样的商品的话,我愿意付出比太阳底下任何东西都珍贵的价格购买这种能力。"柯达之父乔治·伊斯曼也说:"人生的幸福就是人际关系的幸福,人生的成功就是人际沟通的成功。"

从这些名人的言语中可以看出,沟通对于一个人的重要性。沟通不仅是一种能力,同时也是一门艺术,你越早掌握,成功和幸福就会离你越近。

目　　录

第一章　沟通得体，初次见面也难以忘记

沟通，从记住对方名字开始 …………………………… 003
初次见面，沟通不可跨过"鸿沟" ……………………… 005
打好"第一印象"，让对方难以忘记 …………………… 008
懂礼之人，沟通更加顺畅 ………………………………… 010
沟通，离不开一些场面话 ………………………………… 014
多花一些心思，用在自我介绍中 ………………………… 018
若不善沟通，微笑同样能打动人心 ……………………… 020

第二章　良好的沟通，懂赞美更要会批评

唯有赞美别人的人，才是真正值得赞美的人 ………… 027

赞美也需要别出心裁 …………………………………… 029

专心地倾听，更能赢得尊重 …………………………… 031

沟通方式很多，找到最合适的切入点 ………………… 034

投其所好，把话说到对方心坎上 ……………………… 038

会赞美，更要会批评 …………………………………… 042

批评恰当，听着也会很悦耳 …………………………… 046

批评别人前，更要懂得自我批评 ……………………… 048

第三章 懂点幽默，拉近彼此间的距离

有了幽默感，和谁沟通都不尴尬 ……………………… 055

幽默是通往心灵的桥梁 ………………………………… 057

幽默是打开交际的助推器 ……………………………… 059

幽默的人，就是最受欢迎的明星 ……………………… 062

用幽默表达意见，沟通起来更顺利 …………………… 064

宽慰对方，幽默是最好的良药 ………………………… 066

风趣的寒暄，拉近彼此心理距离 ……………………… 068

一句幽默，就能让人刮目相看 ………………………… 070

幽默，切记不可急于求成 ……………………………… 072

沟通需要赞美，幽默是最好的"润滑剂" …………… 075

第四章　处处想着对方，对方才会慢慢地靠近我们

- 从对方角度考虑，才能收获真朋友 …………………… 081
- 沟通不止靠嘴，更要靠心 …………………………………… 083
- 争辩，赢了观点却会输了朋友 …………………………… 086
- 给对方留一个台阶，等于给自己留一扇窗 ………… 088
- 沟通时，不要碰触他人的"污点" ……………………… 092
- 学会打圆场，每个人都会感激你 ……………………… 096
- 谦和有度，让对方觉得我们可深交 …………………… 098

第五章　职场当中沟通得当，我们就是单位的一块宝

- 沟通之前，先要学会慎言 ………………………………… 105
- 做个好相处的人，赢得同事好感 ……………………… 108
- 职场之中懂收敛，别成为众人的靶子 ………………… 111
- 职场之中，多说不说都是错 ……………………………… 114
- 多沟通，不等于要我们成为"大嘴巴" ……………… 117
- 既已步入职场，就没有童言无忌的特权 …………… 119
- 和上司沟通，没有那么简单 ……………………………… 122
- 想让老板加薪，做好万全准备 …………………………… 126

第六章　当领导的善于沟通，员工都会全力以赴

有效沟通，乃一切工作的前提 ………………………… 133

调动员工积极性，不要吝啬赞美之词 ………………… 137

与下属沟通，避免陷入僵硬的氛围 …………………… 139

丢掉架子，有亲和力的领导更有人缘 ………………… 141

与员工缺乏沟通，怎么知道他们的想法 ……………… 144

做足"情"字文章，下属更加感动 …………………… 146

切不可忽视每一位女员工 ……………………………… 149

让公司笑成一片，凝聚起最团结的队伍 ……………… 151

多与员工沟通，让他们看到我们的真诚 ……………… 155

第七章　商务沟通技巧：第一次见面就搞定客户

找到客户软肋，开口一击即中 ………………………… 161

沟通，首先要让对方听着舒服 ………………………… 164

多套套近乎，发挥"自己人效应" …………………… 167

激起客户欲望，沟通才能渐入佳境 …………………… 170

沟通时，不给对方说"不"的机会 …………………… 174

喋喋不休地沟通，只能适得其反 ……………………… 178

了解客户内心，才可手到擒来 ………………………… 181

第八章 谈判桌前，会沟通才是王道

- 成功的沟通是尽可能地让对方多说话 187
- 别只谈你想要的，多关注对方兴趣 190
- 发问适宜，答得机巧，谈判自然无往不利 194
- 谈判之中，善用"如果"这个词 197
- "休战"时，多与对方闲话家常 199
- 不知如何沟通时，巧妙岔开话题 201
- 谈判桌前，切记情绪失控 203
- 别对结果紧追着不放 207
- 让对方感觉赢了，会有意想不到的收获 209

第九章 婚姻多些沟通，家庭永被幸福笼罩

- 良好的沟通，让彼此保持良好的感情 215
- 先聆听对方，再相互间沟通 217
- 夫妻之间，沟通也不能直来直去 220
- 用温柔的沟通方式，来俘获男人的心 222
- 有时善意的谎言，可以让婚姻更和谐 225
- 欣赏和赞美，带来更多的爱 228
- 会哄男人的妻子，更有魅力 231

婚姻若是冷漠，家只是个冰冷的房子 234

第十章 蹲下与孩子沟通，才能走进他的内心

尊重孩子，成为他的朋友 239
常和孩子沟通，消除彼此之间的那道"沟" 244
理解，是最好的沟通方式 246
轻声细语，胜过声嘶力竭 248
批评是为了成就孩子，而不是伤害孩子 250
允许孩子争辩，给他发表意见的权利 252
多给孩子一些鼓励，少一些挖苦 255
父母，有时也可以当回小孩 257
沟通≠唠叨，给孩子一个清静的空间 259

第一章 沟通得体，初次见面也难以忘记

沟通，从记住对方名字开始

戴尔·卡耐基说："一种既简单又最重要的获取好感的方法，就是牢记别人的姓名。"这就是名字暗示的特殊魔力，无论对于谁，传递给他的最甜美、最重要的声音就是他的名字。记住对方的名字，是一种最真诚的赞美，是获得对方好感的最简单、最重要的一个方法。

　　李雪是一个很有心的女孩子。每年，她都会把小学、中学、大学的毕业照拿出来，看着那些熟悉的同学的脸庞，一一说出他们的名字，这似乎成了她每年必做的"功课"。正因为时常"复习"，所以碰上多年未见的同学，一时想不起名字来的尴尬事从没发生在李雪身上。

　　在20年之后的一次小学同学聚会上，当很多人都忘记了对方名字的时候，只有李雪能清楚地说出在场的每一位同学的名字，并且还会不时地说出谁比小时候变得更漂亮了，谁比小时候变得更温柔了之类的话。当晚，李雪成了聚会上最受欢迎的人，大家都竞相和她聊天。当然，如果李雪需要帮助，老同学们自然愿意出手相助。

　　牢记别人的姓名是非常重要的，因为你能热情叫出对方的姓名，从这个过程中就体现出你对别人的尊重，进而让自己给对方留下一个好的印象。

　　在这方面，拿破仑给广大朋友们做了很好的榜样。拿破仑经常询问士兵的家庭情况，并且他能够准确地叫出每一个下属的名字。他喜欢在军营中和军士们交流，因为这样可以增进上下属之间的感情。拿破仑的这种做法不禁让他们的下属感到意外：他们做什么，他们的皇帝竟然都知道。这种做法，

让每个军官都感到自己有种被重视的感觉,也使他们对拿破仑忠心耿耿,甘愿效劳。

拿破仑的做法是值得大家学习的。每个人最敏感的莫过于自己的名字。一般而言,如果你能准确说出对方的名字,更能让彼此之间的距离拉近。记住对方的名字,无疑也是对对方的一种尊重。可以说这是一种最简单的感情投资方式,能让你与对方在今后的交往中打下良好的基础。

王思有一项值得骄傲的本领,就是只要是打过招呼,彼此做了介绍的人,她都能记住对方的名字,第二次见面的时候绝对不会忘记。她有记名字的技巧,其实她的技巧并不复杂。如果是初次见面,对方介绍自己姓名不是很清楚的时候,王思就会说:"抱歉,麻烦您再说一次,我没听清楚。"如果碰到别人姓名里有生僻字的时候,她就说:"这个字如何去写?"

在谈话的过程中,她又会把对方的名字重复说几遍,试着在心中把它跟对方的特征、表情和容貌联想在一起。

甚至有时候她回家后,会把对方的名字记在纸上,仔细看,并在心里默默诵念,以加深记忆。就这样,名字在她心中就留下了深深的印象。

虽然记住别人的名字看似是小事一件,但能记得别人名字,并准确说出来,体现出别人在我们心目中的重量。这不仅有利于拉近彼此的距离,实现合作,从中还能体现出你的修养和文化涵养。

在现实生活中,我们经常会遇到类似这样的情况,觉得对方眼熟就是想不起对方的名字,或者是把对方的名字错称为他人,这样往往使自己陷入尴尬的境地。如此一来,我们就给对方留下了不好的印象。

记住别人的名字是一种拉近感情和沟通的重要手段。若要想拥有好人缘,就必须善于记住别人的名字。

初次见面，沟通不可跨过"鸿沟"

第一次与人见面，两个人总要寒暄沟通，但在沟通时，心中要有一个清晰的"三八线"，明确什么问题该问，什么问题不该问，要牢牢地掌握和陌生人沟通的尺度。毫无顾忌地表达自我、品评事物是一件十分痛快的事情，但并不是和每个人都能肆无忌惮地说话。尤其在陌生人面前，一定要前思后想、左右衡量之后，才能把话说出口。否则，不但沟通的目的达不到，还有可能得罪对方，导致不良后果的产生。

小江是一个化妆品推销员。一次，她在咖啡厅看到一个20岁左右的女孩独自坐着发呆，便走过去和其说话。

小江先开口说："你来这里喝咖啡啊！我也经常到这儿喝咖啡，他家的咖啡还不错。"

女孩礼貌地点点头。见对方没有拒绝自己，小江又试探性地问道："你平时都有什么消遣啊？喜欢玩些什么？"

女孩说自己不太爱玩。小江揣测对方一定是没有男朋友，否则不会一个人发呆。

于是，她准备切入主题，介绍自己的产品："说实话，你的皮肤可是有点儿受伤害了。其实女人不怕长得不好看，就怕皮肤不好。不是有句话叫'一白遮三丑'吗？你的皮肤白嫩了，整个人也就有气质了。到时候追求你的男孩子一堆一堆的，还愁没有男朋友吗？"

女孩听着听着，眼神就有点儿不对劲儿了，她站起身，瞪着小江，声音提高了八度："你这人怎么说话呢？我皮肤怎么不好了？谁说我没有男朋友啊？我看你才是没有男朋友的样子呢。得了得了，你别给我介

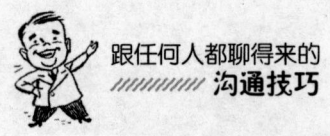

绍了,我没空听你介绍这破产品!"

说完,女孩甩身离开了,留下小江一个人接受周围人异样的眼光。不用说,这时整个餐厅的人都不会有兴趣听小江介绍她的"破产品"了。

小江的经历正好验证了一句话——东西可以乱吃,话不能乱说。对于一个年轻女性来说,被别人说不漂亮、皮肤不好是一件很忌讳的事情,而"没人追"之类的话,则更是令其感觉备受侮辱。这样的沟通方法,怎么能让对方乐意与之继续交流呢?由此可见,跟陌生人沟通,一定不能抱着"试试看"的心理,只有找准切入点,"对症下药",才能让对方乐于接受。

首先,要先对陌生人进行必要的了解,没有把握的话不要乱说。如果你在不了解的情况下,对着一个陌生人大肆贬损某个行业,而眼前的人恰好从事这个行业,可想而知,谈话是无法进行下去的,你也难以给对方留下好的印象。

其次,跟陌生人沟通不要长篇大论、漫无边际,要适时切入主题。一般来说,我们不会平白无故地和陌生人交谈,而是通常都有一定的目的。这种情况下,虽然不能上来就直奔主题,但也不要绕得太远、作太长的铺垫,这样对方很可能还没有听到你沟通的重点,就已经没有兴趣了。

另外,还要注意不能随便打听别人的私密问题。现代人越来越注重个人隐私,有时在自己的家人、好友面前尚且不愿意公开谈论,当然更不会愿意告诉第一次见面的陌生人。因此,如果想要和陌生人建立起沟通关系,就不要随意打探对方的隐私,否则很有可能触怒对方,失去和对方沟通的机会。

蔡瑜毕业没多久,就来到一个一线城市打拼。她刚租房子时,那是一个合租房。搬家那天,蔡瑜正在忙着收拾屋子,突然听见门口有人跟她打招呼:"你好,听房东说你叫蔡瑜,真是个文雅的名字。你是哪里人呀?"

蔡瑜扭头一看，是个陌生的男子，看着倒还和善，回答道："你好，我来自洛阳。"

"原来是来自古城的，怪不得呢！那你的工作也一定很有文化气息吧？"

"不啊！我是做经济贸易的。"

"听说这行特别挣钱，你工资挺高吧？月薪能上万吗？"

蔡瑜一听立刻尴尬地低下了头："啊……我刚从事这行没多久，还在实习期呢！薪水嘛，也就……"蔡瑜越说脸色越不好看，最终没有说出那个数字，而是说声"我要收拾屋子了"，就关上了房间的门。男子站在门外，似乎意识到自己打探得太多了。

对于很多人来说，薪水绝对属于个人隐私。在人际交往中，"薪水"也是一个雷区。薪水网站的高级副总裁比尔·科雷曼说："讨论薪水高低所带来的后果是，无论怎样，永远都会有一个赢家和一个输家，总会有人感到自己受了伤害。"在上面的案例中，蔡瑜就在男子不合时宜的问话中，感觉到了自己和一般同行的差距，从而产生自卑、难过的心理，自然也就对问话的人产生了不良印象，因此立刻结束了谈话。

从另一个角度来说，随便询问别人的工资，也好像在打听其财产，显然会让对方产生不安全感。因此，对方的收入情况绝对是谈话中的一个"雷区"，我们要注意躲避，千万不要触发对方的不良情绪。除了薪资之外，对于很多人来说，情感问题、家庭关系、个人生理、特殊爱好等，都属于比较私密的话题，我们在谈话的时候应该尽量避免涉及。

总之，和陌生人沟通时一定要带一杆"秤"，想说某个话题之前，先衡量一下，"太重"的话题往往涉及对方的隐私，最好还是免谈为好。

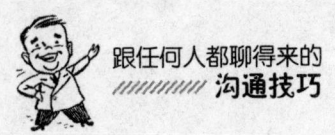

打好"第一印象",让对方难以忘记

很多人认为认识一个人或者了解一个人需要更多更长的时间,而忽略了第一次见面时自己的言谈举止和衣着打扮。其实,当两个陌生人见面后,第一印象往往会影响着你在对方心中的形象。

亚瑟是美国心理学家,根据他的有关第一印象的研究,今后形成的印象往往与第一印象一致。

我以前的单位有一个技术人员,大家叫他小白,他也算是"白领"一族,工作能力很强。但是他对自己的外在形象却不太在意,总是一身破牛仔服,给人极其不正式的感觉。他更是从没想过外在形象这个问题。

一次,我们俩聊天时他和我说,他在来我们公司前,去过另一家公司面试,面试时依旧穿的是那身装扮。这便引起了招聘人员的反感,不一会儿,就被对方下了逐客令:"对不起,我们公司需要的是工作态度和生活态度都很严肃的人!"

由上述案例可以看出,一个人的"第一印象"是非常重要的,别人对你,或你对别人都是一样。第一印象如果不佳,在应酬中便很难挽回,所以在生活中我们要努力克服不修边幅的毛病。

看看我们身边那些受人尊敬与信赖的人,他们并非靠才气风发,语出惊人赢得别人的喜爱。反之,他们中的一些人言辞犀利,却无法赢得人们的尊重与敬佩。如果你想彰显自己新潮的思想,不妨加入自己的亲身体验,不趾高气扬,无疑会让沟通的氛围变得轻松愉快。

以前有一位公司的老板曾就上班迟到问题做了一个很好的回答。"如果你迟到了,无论是因为吵架、身体不适,或者只是因为闹钟没把你叫醒,一定别赶着去上班,要不然你走进议论纷纷的办公室时,身上处处显示着你碰到了麻烦。如果已经迟到了,不如索性就多花些时间,精心梳洗打扮一番,这样看起来会和别人不一样,然后有条不紊地去上班,这样定会弥补上班迟到的不良印象。与其迟到那么一小会儿,不如迟到得坦然些。"

综上所述,可以看出第一印象是多么地重要,那么我们在日常生活中如何给别人一个良好的第一印象呢?下面这几种方法可以帮助你。

1．约束自恋倾向

我们是否会在刚认识的朋友面前滔滔不绝地谈论自己新买的车?心理学家认为这会严重破坏我们的第一印象,虽然我们都有炫耀的冲动和理由,但必须顾及别人的感受。所以应让别人谈谈他们自己,然后给予真诚的回应。

2．控制焦虑情绪

即使我们对某些话题不甚熟悉,依旧可以给别人留下美好的第一印象。我们只需做的就是关注对方,这样会减轻压力,切记不要盘问刚认识还不怎么熟悉的人。在特别紧张时,一定要放慢语速。

3．拿出明媚的心情

在初次交往中,认知专家和心灵自助导师都建议"做真实的自己",但是面对新朋友时,应该将坏情绪收起来。也许我们只是一时不快,但这样会给我们的新朋友留下整日发牢骚的印象。这些不良情绪有可能还会波及他人,所以要尽量营造轻松愉快的交流氛围,然后,再和对方一起谈谈困扰我们的问题。

4．接触对方眼神

如果我们想对一个陌生人有所了解,只要看着他的眼睛,即可破解他的肢体语言。与对方初次相遇时,眼神接触、微笑等都是至关重要的环节。如果对方眼睛闪着光,这个时候我们可以肯定对方是个善意的人,我们应该还以微笑,好的气氛就是这样营造出来的。

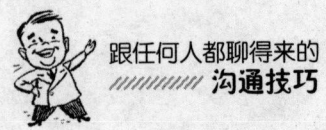

5．与对方同步化

主动对身体姿势和语言作调整，以此来达到适应新朋友的目的，因为人都是被彼此间相互的特质所吸引的。如果我们用与对方相似的语速说话，他们就会有所反应，当新朋友点头或摇头时，我们也做出同样的动作回应，马上就会营造出和谐的气氛。

6．适时恭维对方

人们总是喜欢听别人说自己的好话。我们应关注对方所取得的成绩和成就，给予适当的鼓励和赞美，这样才不会让人觉得是在故意拍马屁。

每个人，做什么事情都有"第一次"。不论和某人认识多久，"第一次"只有一次，那一次是永恒的，就算是后来有很大的改观，"第一次"的印象总是最深刻的，所以第一印象非常重要。既然如此重要，我们更应该注意自己留给别人的第一印象。

懂礼之人，沟通更加顺畅

俗话说"礼仪是打动陌生人的第一要素"，要想给他人留下好印象，就必须注重自己的礼仪。一个人的礼貌是映出他内心世界的镜子，通常懂礼仪的人，内心世界也更温和，更容易得到他人的喜欢，与陌生人沟通也会更加顺畅。

一般而言，一个具有优雅气质、谈吐不凡的人总是很受欢迎的。在交际中，外在的行为举止就是别人对我们的大部分印象。一个人连礼仪也做不好，别人还怎么相信我们呢？

杜伟是学精算的，从国外留学回来，非常有才华。只要是能说得出的问题，他都能迅速回答出来。曾经有几个关系比较好的朋友，一起给他出题，频率非常快，杜伟却依然对答如流。

但是，这么优秀的杜伟却一直找不到好工作，很多人都感到不解。

如丝之前跟杜伟有过简单往来，她是一个非常懂礼仪，行为举止非常优雅的人。"我跟杜伟不是一路人，我实在不喜欢不懂礼仪的人。"

如丝的话道出了重点，杜伟是个非常邋遢、不注重外表也不懂礼仪的人。他太过大大咧咧，不拘小节。

有一次，杜伟来如丝的公司面试，如丝负责接待他。当时，他穿着邋遢，帽子也戴得歪歪扭扭，一进门连招呼也不打，直接大摇大摆地坐下。

"你能说说你有什么优点吗？"如丝一看这个人就很反感，但还是耐着性子跟他交流。

"我优点可多了，我很有才华。"杜伟一点也不谦虚。

"先生，你对礼仪是怎么看待的？"如丝不由得带着一丝嘲讽。

"要看一个人的真实才华，不能以貌取人。"

"先生，你说得不对，一个连礼仪都不注重的人，你还能指望他做什么呢？你的帽子都是歪的，我很难相信，你做事会勤勤勉勉，一丝不苟。"

就这样，杜伟因为不懂礼仪被淘汰了。

很多时候，我们都会以个人形象去生活，礼仪代表了我们的形象。跟懂礼仪的人相处，气氛会更加和谐融洽，让整个交往过程变得顺畅，这就是礼仪魅力所在之处。

有些人在交际时，行为粗鄙，不知书达理，态度又恶劣，每个人看到他们都忍不住敬而远之。

有的人喜欢潇洒有风度，有的人喜欢温文尔雅，有的人喜欢直率坦诚等，但不管怎么说，这些都是美好的象征，用礼仪才能塑造出更完美、更受欢迎的形象。

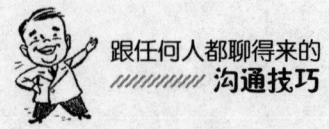

某心理学家说过，在交际时，他人对你的评价也就短短几分钟，这几分钟里如果给人留下懂礼仪的印象，你就等于获得了大家的初步认可。

因此，我们的各种外在信息在社交中都有举足轻重的影响，如果没有得体又优雅的外在形象，就很难给他人留下好印象。

有些人对此也存在质疑，说注重外在礼仪是以貌取人，事实上并非如此。懂礼仪，是对他人的一种尊重，知礼、守礼才能保证正常的交往。很多有经验的社交高手，在交际时总是表现得知书达理，这是对他人的尊重，反过来，也会得到他人的尊重。

是否懂礼仪直接影响了大家交往关系的发展，决定了对方对你的印象，所以，在与人交往时，一定要绷紧脑子里的弦，行为举止非常重要，千万不能不当回事。

在交际中我们怎样才能维护好自己的形象，怎样才能不算失礼呢？懂礼仪，要从以下几个方面开始。

首先，在交际中一定要守时，这是对人基本的尊重，也是自己内涵的展现。在正式场合，很多人都无法接受对方的迟到。先不说交往怎么样，迟到的人在态度上就有问题。

如果是男人，在交际时最好提前到达，女士按时到达就可以。如果经常进行交际，我们就会理解这些礼节的重要性。

"小姐，对不起，我迟到了。"男士跟女士相亲认识后，这是他们的第一次约会。

"没事，我也没来多久。"女士虽然这么说，但心里还是不舒服。

男士丝毫没有察觉，依然自顾自地说话，不知为什么，当时男士的话没有一句是女士爱听的，女士也很纳闷，之前对他的好感都去哪里了。

最后两个人不欢而散，关系也不了了之。

其实女士越看男士越不顺眼，多半是因为心里对男士迟到的事有芥蒂，以致影响了接下来的交往。

其次，在交往时一定要尊重对方，专心跟对方交流，不能心不在焉。如果我们说话时，对方心不在焉，或者答非所问我们肯定会很生气，这是对人的极大不尊重。

在听对方说话时，我们要注视对方的眼睛，面带微笑，并不时地点头，表示自己在听，并且很感兴趣。

在此期间，如果没有重要的事，不要东张西望，不要频频看时间。

"不好意思，我不想跟你说话了。"一位女士跟聊天的男士说了一句这样的话就扭头离开，只剩下男士在原地尴尬不已。

在聚会上，两个人在聊天，男士因为担心女朋友，所以一直心不在焉，连笑容都很勉强，还不时查看下手机看看是否有未接电话。

女士把男士的一举一动都看在眼里，感觉自己受到了轻视，所以就很生气地离开了。

在沟通时专心认真是对他人的基本尊重，也是大家应该必备的社交礼仪。为此失礼，肯定会让自己的形象受损。

还有，在谈话时要主动寻找话题，不要冷场。很多人在第一次交往时都会有些不适应。为了避免尴尬，要提前准备好话题，尽量找到共同话题，不要冷落对方，让对方感觉自己插不上话。

如果我们只顾自己滔滔不绝，不顾他人的感受，也是失礼的表现。因此，要学会引导话题，进行双方面的沟通。

值得注意的是，在交际中不要过多询问他人的隐私，要懂得适可而止。有的人认为，跟对方聊得更深入会更好。其实不然，在涉及隐私问题时，一定要懂得避讳。尤其是第一次见面时，如果话题太过私人化，对方会感觉不舒服，甚至感觉你居心不良。

女性的年龄、健康状况、婚配问题等，最好都不要随便问。如果想知道，也要等到相熟之后再询问。

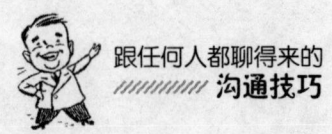

礼仪是一个人内在修养、外在素质的重要体现,也是交际时的必要手段。很多时候,在交际时都要注意规范一下自己的行为,不要因为失礼而影响了自己的形象。一个懂礼仪的人,才能给大家留下深刻的好印象。

现代社会,越来越注重礼仪,在社交中,它几乎成为了一个很明显的标志,越来越表现出无可替代的重要性。因此,用礼仪塑造自己的良好形象就成为了必修课。不失礼,才能在交际中如鱼得水,取得成就。

沟通,离不开一些场面话

人在社会中,就一定避免不了交际,不管跟谁沟通,不管在什么场合,必要的场面话还是要说的。不会说场面话,就显得社交经验不足,影响人际关系的建立。

场面话通常都是面子上的赞美和恭维,大多数情况下只是礼貌问题,是不能当真的。面对别人的恭维,要保持冷静。如果不了解场面话,交际就会陷入被动。

李月大学毕业后一直忙于工作,眼看快30岁了,一直没有对象。之前,她不以为意,认为碰到真心懂自己的人才可以。等到了这个年纪时,周围的同学、朋友都结婚了,她才开始着急。

好朋友看出李月的心思后,便牵线给她介绍了一个在外企工作的朋友,想撮合他们。李月欣然同意了。

"小月,有时候必要的场面话还是要说的,你不能太过'耿直'了。"朋友知道李月的性格,忍不住提醒她。

在外企的男人各方面的条件都不错,又很健谈,没过一会儿,李月就对他产生了好感。

李月决定改变自己的说话方式，开始搜肠刮肚地想场面话："听说你的工作不错，很有能力。"

听到李月的恭维，男人非常高兴。

"我听朋友说，你的工作能力相当不错，年纪轻轻就升主管了，我自己跟你一比，好惭愧啊。"

"哪里，哪里，我是男人，自然应该更努力。"

在李月场面话的"攻击"下，男人听得非常高兴，慢慢开始跟李月讲真心话，从工作到生活，什么都说。

过了很长一段时间，男子意犹未尽地说："很久没碰到这么能谈得来的人了，如果可以的话，我还想接着约你吃饭。"

李月知道，他是在对自己表示好感。

"可以啊，如果有时间我还想听你说话，你的很多见解都让我受益匪浅。"李月的场面话也是越说越好了。

"好，你真是难得一见的好姑娘，真是我的知己。"男子非常满意李月，后来两人渐渐发展成了恋人关系。朋友都为李月的"开窍"感到高兴不已。

之前李月是个理想主义者，想找真正了解自己的人，所以她不屑说场面话。这种想法，影响了她正常的交际。等她改变思维之后，把场面话一说，大家对她的感觉就大不一样了。

一些交际场合，场面话还是要说的，我们不能随意表现出自己最真实的一面，这在交际中是行不通的。场面话可以说是交际的专用语言，是见面后的寒暄，是拉近彼此关系的方式。

一般而言，交际场合的场面话都是不能信的，它只是简单的寒暄。当听到他人称赞、恭维时，千万不要当真，不要被对方哄得昏了头，要用冷静的思维去看待，去分析。如果一味地把场面话当真，只能说明我们不成熟，不

懂得交际技巧，最后难免会失望。

到这里也许有人会说，场面话这么虚假，为什么还要说呢？其实，场面话不是谎话，不是为了进行欺骗，是一种交际智慧。通常它会涉及原则和立场问题，是在交际中立身的技巧。如果我们不说场面话，那跟陌生人交往时该怎么交流呢？在跟他人交际，说服对方，拉近彼此关系时，是离不开场面话的。它就如同催化剂，可以有效增进人们之间的关系，所以，场面话不能少。

场面话并不是可耻的行为，也可以说得让人心动。在现实交往中，不说场面话寸步难行，但要说就尽量说一些贴近实际生活的，这样会显得比较真诚。不能随口就是假大空话，管不住自己的嘴，这样的人肯定会给人虚假的感觉。

需要注意的是，我们不仅要会说场面话，还要会听。如果不动脑筋，径直把他人的场面话当真，到时候吃亏的恐怕就是自己了。必要时，可以通过其他方式，来判断对方的话有几分可信。如果真是客套话，就完全不必当真，一笑置之就好了。

所以，交际中我们要学会说场面话，让他人受用，让自己的人脉更加广泛、稳固。

要想说好场面话，首先要学会赞美别人。赞美就像是空气，每个人都需要。当别人听到赞美的话时，就会感到自己被肯定了，这种感觉会让自己对称赞者不由得心生好感，彼此之间也会感觉亲近不少。

在交际中，我们经常听见有人说别人漂亮、说别人聪明、说别人的小孩可爱，等等，这种赞美只要不是信口开河，没有一点根据，通常大家都会非常高兴。

在称赞对方时，要有事实根据，如果赞美太过，会适得其反，收不到良好效果，甚至引起别人的厌恶。

总之，称赞别人是最好的场面话，称赞别人会让我们的交际之路更平坦。

一个化妆品推销员，上门推销自己的产品，女主人打开门之后一看是推销员，很不高兴地说："谢谢，我不需要。"

眼看女主人要关门了，推销员立刻来了一句："哇，你家的贵宾犬太好看了。"

女主人一听就高兴了，接过话说："那当然了，这条狗是纯种的，当初是花大价钱买的。"

推销员通过赞美说好了场面话，立刻赢得了女主人的欢心。

不知不觉中，女主人就跟推销员攀谈了起来，越说越投缘，慢慢地，女主人对化妆品的好感也油然而生。

"这套化妆品最适合您的身份了，高贵大气，真的很合适。"

这些只不过是赢得他人信任的场面话，女主人也未必意识不到，但最终她还是很高兴地买了化妆品。

称赞是最好的场面话，是永不过时的，在交际中，是很容易获得他人好感的。当然，凡事不能太过，一定要把握好分寸。

除了赞美，还要懂得适当地应承。"好，下次见"、"如果需要，我肯定会帮忙的"、"有时间一起吃饭"，等等，很多时候，这些话是不说不行的。

如果不懂交际，会让对方感觉不舒服或感觉没得到认可。如果当面拒绝他人，还会得罪人，甚至引起对方的记恨，这时不妨说些无伤大雅、没有后话的场面话。既给了对方面子，自己也可以脱身。

"今天我们的交谈非常愉快，大家就是朋友了，以后找你帮忙可不准推辞啊。"很多时候，大家都会这么说。

聪明的人会这样回答："好啊，肯定会的。"别人听了之后，明知是场面话也会很高兴。

不懂交际的人也许就会说："到时候再说吧，我也不知道能不能帮

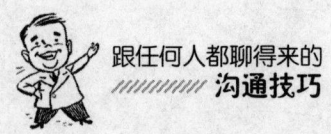

忙。"虽然说的是实话,但却让人不舒服。前者说的是场面话,后者则是得罪人的"大实话",在交际中,后者还是少说为妙。

场面话是建立交际关系的必要手段,大家要正确认识。它不是虚伪,也不是狡诈,而是交际中不可缺少的技巧。有时不会说场面话,会让交际变得无趣,会导致气氛尴尬,影响自己的社交。

所以,在必要时,要说些无伤大雅的场面话,既让对方高兴,又不损害自己的利益,何乐而不为呢?

多花一些心思,用在自我介绍中

在人际交往中,树立自身良好的形象是非常重要的,特别是第一印象对今后的发展起着举足轻重的作用。在我们与不熟悉的人第一次见面的时候,通常第一步要做的就是先介绍自己。不论我们是主动地自我介绍,还是经过别人代为介绍,都不应当采取太冷淡或者太随便的态度,让人有一个印象深刻的自我介绍,是双方正式沟通时最为重要的一步,而幽默则是最好的"添加剂"。

在聚会场所,名字往往代表着每个人的独特性,因此当介绍自己的名字的时候,应该正确告诉对方你的名字的读音与写法。

有一位名叫"吴美金"的女士非常善于运用这种技巧,每次她都能给对方留下十分深刻的印象。每次她做自我介绍的时候,都会说:"我姓吴,口天吴,名叫美金,美国的美,金钱的金,合起来就是吴美金。'吴美金'也就是说'我没有美金',而并不是说'我有美金',希望大家美金多了能给我一点扶扶贫!"这席话经常会引来听者一阵大笑,这样一来,大家就会对她的名字印象特别深刻。

美国政治家查尔斯·爱迪生在竞选州长的时候，不想利用父亲——大发明家爱迪生的声誉来抬高自己，于是，在做自我介绍时，他就这样解释说："我不想让人们认为我是在利用爱迪生的名望，我宁愿让你们明白，我只不过是我父亲早期实验的结果之一罢了。"

还有一个年轻人在自我介绍时的幽默例子。这个年轻人当上了董事长，在上任的第二天，他召集公司员工开会，他这样自我介绍："我是杰瑞，是你们的董事长。"接着，他打趣道："我生来就是个'领导人物'，因为我是公司前董事长的儿子。"

当然，若是遇到那些对你有恶意的人，你也可以在自我介绍时予以反击。

摩西·门德尔松是德国18世纪的大哲学家。

一天，他在柏林大街上散步时，不小心撞到穿军服的普鲁士军官。

军官冲他粗鲁地骂道："笨猪！"

这时，哲学家微微弯了弯腰，彬彬有礼地说："门德尔松。"然后扬长而去。

狗咬了人一口，人绝不会俯下身子去咬狗一口。大哲学家门德尔松面对粗鲁的军官，在不损自己大家风范的同时，又有力地回击了对方。

所以说，当你自我介绍时，不妨也稍微花点心思，把自己的名字或需要介绍的职位等事先设计一下，这样就能更容易让对方记住你。

若不善沟通，微笑同样能打动人心

一个总是满脸笑容的人，往往比一个一脸严肃的人更善于表达，更容易打动人心，也更受大家的欢迎。在人际交往中，常常保持欢声笑语，可以让我们更受大家的瞩目，更受大家的欢迎。

伸手不打笑脸人，没有人会拒绝与一个满脸笑容的人交往。让自己成为一个拥有灿烂笑容的人吧，这样我们在人际交往中就会占据优势。我们的笑容不仅能打动人、影响人、感染人，还能给我们带来无限好运。

李美静是某动车上的乘务员。在大家眼中，她是一个以笑容打动乘客、打动同事、打动朋友的人。

有一次，车刚开动不久，一个乘客多次把脚放在对面的座位上。李美静上前去劝其放下脚。这个乘客不仅不听，还对李美静出言不逊。李美静没有与他争执，始终面带微笑地一次又一次劝解。最后，事情终于在李美静的微笑中解决了。

临下车前，那位乘客还找到李美静，惭愧地说："对不起呀，乘务员，刚才我心情不好。你的微笑打动了我，你的服务态度影响了我。"李美静报以真诚的微笑说："没关系。"

还有一次，一个孩子在车上嗑瓜子，把瓜子皮吐在了车厢的地板上，李美静微笑着上前劝告。孩子没有反应，孩子妈妈生气了，还故意唆使孩子继续吐瓜子皮。李美静始终微笑着，边劝阻边扫瓜子皮。

乘客见李美静这样的态度，非常不好意思。然后，让孩子停止了没有公德心的行为。

李美静用自己真诚的微笑打动了乘客，从而使乘客改变了不良的行为。她的微笑留给乘客深刻的印象，大家对李美静的评价都很好。

微笑是上帝赐给人类最美好的礼物，是一种令人愉悦的表情。面对一个满脸笑容的人，我们会感受到他的自信、友好、乐观。同时，他这种积极的情绪也会感染我们，使我们油然生出自信、友好和乐观，从而很快和对方亲近起来。

微笑是一种内涵丰富的表情。微笑可以传递正面的能量，微笑可以消除人们之间的陌生和矛盾。当然，我们的笑容必须是真诚的，发自内心的。

微笑是最好的交流方式。微笑是真诚、友好、善意的标志。微笑可以化解矛盾和冲突，然后使关系变得简单、明了，可以调节人与人之间的关系，还可以营造和谐、融洽的氛围。

在一些交际中，当我们一露出灿烂的笑容，许多问题都会迎刃而解，一切的关系都会因我们满脸的笑容而变得亲切、融洽。在人际交往中，一定不要吝啬我们的笑容。

要想在交际中取得很好的效果，获得好人缘、好关系、好人脉，那就必须养成微笑的好习惯。人与人相处，微笑可以使我们的面容更美丽、更精致。我们的笑容就是最如意的橄榄枝，能把我们的真诚、善意、友好传达给所有与我们交往的人。

微笑不仅是为了别人，更是为了自己。面对生活，我们应该绽放灿烂的笑容。

当我们在交际中遇到困难时，我们可以思考一下，是不是因为我们对人太吝啬了，没有付出我们的笑容？

如果是这样的，那我们就给自己印一张特殊的名片吧。这张名片上应该有这样一行字：世界因你的微笑而微笑。

很多人都不善于微笑，事实上，微笑也可以成为一种习惯。开始时，我们可以练习着自己微笑，慢慢就会习惯成自然。

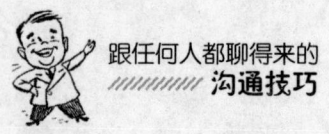

失业的张铎有一个缺点,就是总爱绷着一张脸,不苟言笑。对待家人、朋友、合作伙伴一向都是一脸严肃冷峻的表情。

现在,张铎完全像变了一个人似的,还成了一家报社的正式员工。在进入报社之前,他做过很多工作,也自主创业过很多次,但每次都失败了。

张铎找到了创业失败最重要的原因,就是不懂交际,在交际时缺少微笑。他决定重新开始打工学习,并成功应聘到现在的这家报社。

张铎给自己设计并印制了特别的名片。正面是姓名、联系方式、工作单位。反面是:世界因你的微笑而微笑!他每次递出名片时,总会真诚而友善地给对方以微笑。

一开始张铎很难改变自己严肃的表情,总是强迫自己微笑。他每天练习,面对着镜子笑,面对着家人笑,面对着朋友笑。时间久了,笑肌就练出来了。慢慢地,笑成了他生活中不可缺少的一部分了。

现在,他时常笑容满面、热情真诚,给许多人留下了良好的印象。短短一年的时间,张铎把报社的业务搞得红红火火,发行量剧增,并得到了老总的赏识。

在人际交往中,要学会自然的微笑。微笑是快乐心情的表现形式。自然而美好,亲切而真诚的笑才是完美笑容的表现。最好不要假笑、傻笑、伪笑。

在人际交往中,我们的微笑得传达出我们的真心诚意。人的笑容感受力和识别力是非常强的。一个笑容代表什么意思,是否真诚,人通过直觉是能很敏锐地判别出来的。所以当我们对别人微笑时,一定要真诚。

真诚的微笑能让对方的内心产生美好和温馨的感受,对方会受我们的感染报以更加真诚的笑容。使对方的情感陶醉于愉悦之中,从而加深交往双方之间的感情。

在交际中,微笑要符合不同的人际关系和沟通场合,要表达不同的意义。对不同的交往对象，要表达不同含义的微笑，以此传达不同的情感。尊重真诚的笑容应该是给长者，关爱的笑容应该是给孩子，爱意的笑容应该是给爱人，等等。微笑使人觉得我们很友善，喜欢并愿意与我们交往。不是任何的场合，都适于展示我们的笑容。如果笑得不合适，不恰当，不适时，就会适得其反。

当我们去参加一个庄严肃穆的活动，我们就不能露出笑容，否则会招致别人对我们的反感和厌恶。

笑容是对对方表示的一种友好和礼貌，是对他人的尊重，也是自尊、自信的一种表现。多绽放我们的笑容，并要使自己笑得恰如其分。这样才会体现我们笑容的价值，让我们在交际中成为最能打动人心的那个人。

第二章 良好的沟通，懂赞美更要会批评

唯有赞美别人的人，才是真正值得赞美的人

马克·吐温说："一句赞美的话，能让我不吃不喝活上一个月。"而犹太人有一句谚语也说："唯有赞美别人的人，才是真正值得赞美的人。"可见，赞美的作用是多么神奇。

那些有心计、会说话的人都有一双善于发现别人优点的慧眼，并且很乐意把别人的这些优点说出来。那是因为他们知道逢人多说赞美的话，能创造和谐的谈话氛围，消除人与人之间的隔阂和怨恨，让自己能和陌生人一见如故，能和朋友更加友好，让事情办得更加容易顺利。

一家公司想要装修一座现代化的写字楼。家具公司的工作人员曲清听到消息后，马上上门去推销自己公司的办公家具。

一进门，曲清就对负责订购事宜的杨经理说："呦，好气派！我从来没有见过这么漂亮的办公室。"

坐下后，曲清用手摸了摸椅子的扶手，说："这是红木的吗？太好了，我推销了这么久的家具，一看这些家具，就知道您是一个有品位、懂得享受生活的人。"

"哈哈，是吗？"杨经理的荣耀感油然而生。

之后，他兴致勃勃地带着曲清参观了整个办公室，介绍公司的装修材料、色彩搭配、设计比例等等。结果可想而知，曲清的推销很顺利地就成功了。

恰当的赞美能让人心情愉悦、精神振奋。曲清开门见山的赞美很快就让

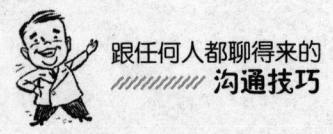

对方陶醉在他的赞美声中时,对方自然能愉快地答应他的请求。

在人际交往中,多说赞美的话就有这样的妙处,甚至很多大人物成名之后,也从来都不曾忘记赞美别人。因为他们知道适当地赞美别人,不仅可以获得别人的好感,还可以和对方在心理上、情感上拉近距离,让他们心甘情愿地为自己工作。

有一次,美国石油大亨洛克菲勒的一名职员在进行一项交易时出现失误,损失了100万美元。这位职员知道这是自己的疏忽,所以心里已经做好了被老板教训的准备。而洛克菲勒知道这位职员已经尽了他最大的努力,就对他说:"我非常感谢你,你太聪明了,要不是因为你的尽职和努力,这次的损失肯定会更多。我代表公司谢谢你帮我们保住了至少60%的投资,非常感谢。"

这位职员在听到洛克菲勒说的这些话后,心里非常感动。从那以后,就更加努力地为洛克菲勒工作了。

洛克菲勒的赞美,不仅消除了员工的紧张、愧疚的情绪,赢得了他的尊重,还拉近了自己与员工的距离,让他日后更好地、更用心地为自己工作。试想,如果我们是这位职员,听到了这样的话,我们会不对这样的老板忠心吗?

当然,赞美不是阿谀奉承、巴结讨好,年轻人一定要讲究赞美的技巧和方式。要赞美对方,就一定要抱着坦诚、真挚的心意以及认真的态度。若是我们用轻率的态度说话,会让对方产生不快的感觉,当然,如果我们赞美得太离谱,别人会觉得我们太夸张,不靠谱。

在人际交往中,年轻人一定要学会发自内心地去赞美别人,用赞美来取代对别人的批评和挖苦,要知道这才是使我们的人际关系变得融洽的最有效的、屡试不爽的方法。

赞美也需要别出心裁

人们都喜欢听到赞美之词，但是如果赞美之词流俗了，就会显得苍白无力，不仅没有达到期望的目的，反而会收获到相反的结果。举个例子来说，不少人赞美军人，不论在这方面怎样赞美他，也只是赞歌中的同一支曲子，不会有好的效果。这时，赞美者不妨换换花样，从其他方面入手，比如我们对他军事才能以外的地方加以赞赏，等于在赞词中增加了新的内容，他便会感到无比满足。

一位年轻小伙子到同学家去玩，见到同学的哥哥后，上去就来了一套公式："大哥你好，见到你真高兴！久闻你的大名，如雷贯耳，真是百闻不如一见！"没想到对方的脸从头红到脖子。原来，他同学的哥哥因打架斗殴蹲了15天的拘留刚出来，这个年轻小伙子根本不明情况就"久闻大名"地恭维了一番，却揭了对方的伤疤，教训甚大。

称赞人想要出彩，就要说在点子上，像上面那位同学的话就非常不可取了。如果他能把话说到点上，并且能让自己的赞美出新，就会让对方感觉到一种前所未有的快乐。

大家都知道空姐们既漂亮又热情周到，所以她们听到乘客对自己容貌和服务方面的赞美太多了。一位先生一次在下飞机时，很激动地对空姐赞美道："我在国外坐了这么多次飞机，第一次遇到对我们这么友好的服务小姐。"这位先生没有赞空姐漂亮，也没有赞其服务水平有多高，而换了个角度称赞，可谓别出心裁，效果卓著。

夸赞人也得变点花样，赞人所未赞，而又绝非空穴来风，方能显出赞

美者的独到眼光以及与众不同。"喜新厌旧"是人们普遍具有的心理,陈词滥调的赞美,只会让人感觉索然无味;而新颖独特的赞美,则会令人回味无穷。

每个人都有一技之长,大家往往都很容易发现这一点,赞美其专长的人也最多。时间长了,被赞美的人听得都腻了,对这方面的赞美不但不起作用,而且非常反感。常言道:好话听三遍,听多了鬼也烦。

赞美他人时,如能变点花样,在赞美词的运用上攻其不备,出其不意,对对方关注的但又不是专长的方面进行赞美。往往能使对方喜出望外,从而使我们的赞美收到意想不到的效果。

我们在日常交往中,应该注意观察,并且深入挖掘对方的优点,只有这样,我们才能让赞美有新意,才能让自己的口才能力凸显出来。

如科学家、演员、作家,或在某些方面有较突出成就的普通人,他们可能在各自的领域里都颇有建树,而他们在各自领域里所取得的成绩的赞美声也就会不绝于耳。那么,我们不妨另辟蹊径,如赞扬他们和谐的家庭生活,他们漂亮的衣着打扮,他们亲切的微笑,以及优秀的品格,等等,这样肯定会使他们的喜悦倍增。

1960年,法国总统戴高乐访问美国。在一次尼克松为他举行的宴会上,尼克松夫人费了很大的心思,布置了一个美观的鲜花展台,在一张马蹄形的桌子中央,鲜艳夺目的热带鲜花衬托着一个精致的喷泉。

精明的戴高乐将军一眼就看出来,这是女主人为了欢迎他的到来而精心设计制作的,不禁脱口称赞道:"夫人为举行这次隆重的宴会,一定花了很多时间来进行漂亮、雅致的计划与布置吧!"尼克松夫人听后十分高兴。

事后,尼克松夫人对朋友说:"大多数来访的大人物,要么不加注意,要么不屑对此向女主人道谢,而戴高乐将军却总是能想到别人所未想的。"

或许在其他大人物看来,尼克松夫人所布置的鲜花展台,只不过是她作为一位总统夫人的分内之事,没有什么值得称道的。但是,戴高乐将军的细心和精明却让他领悟到了尼克松夫人的苦心,并因此向她表示了特别的肯定与感谢,献上了与众不同的赞美,使尼克松夫人异常地感动。

赞美要有新意才会招人喜爱,才能让受赞美者听了感觉受用。陈词滥调每个人都会背,这样的赞美会引起他人的反感。要引起对方注意,让对方认同自己,就必须使用别具一格的赞美语言。

人生是一个不断成长进步的过程,我们的口才也是如此,我们只有不断变换花样,说出具有时代感的赞美之词,我们才能真正打动人心,才能体现出与时俱进的时代感,才能让赞美之词变得新鲜,给对方一种耳目一新的感觉。

陈词滥调都是些过时的东西,我们要做的就是赋予这些辞藻以新鲜感,只有这样,我们才能说出别人感到新鲜的赞美之词。没有人会喜欢老掉牙的赞美之词,只有能够走进对方心里,能够让对方感觉到我们内心的纯净与真诚,才能让我们达成自己最需要的成功。

专心地倾听,更能赢得尊重

被一个人喜欢是一种幸福,被所有人喜欢是一种骄傲。虽说我们不是圣人,不能让每一个人都喜欢自己,但每个人心中都有这么一个企盼。也许这听起来很矛盾,可只要仔细一想也就无可厚非了。

人嘛,对于自己是最了解的。在与别人沟通中,也都希望通过说话的方式把自己的骄傲资本和值得他人同情的资本拿出来与人分享,并以此得到别人的关注。不可否认,我们都存在着这样一种心理。如果我们想跟某人通过

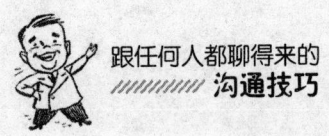

交流沟通而达到我们的目的时，只有好好把握这一点才能将对话进行下去，也只有这样才能达到自己的目的。

乔·吉拉德花了近一个小时的时间好不容易让他的顾客下定决心买车，接下来的步骤很简单：仅仅是把顾客带到他的办公室，签好合约。

而当他们向乔·吉拉德的办公室走去时，那位顾客满脸笑容地向乔提起了他的儿子。"乔，"顾客十分自豪地说，"知道普林斯顿大学吧？我儿子考进了那所大学，他将来会当医生了。"

"那真是太棒了。"乔·吉拉德回答。

当两个人继续向前走的时候，乔·吉拉德并没有看向自己的那位顾客，而是四顾看其他的顾客。

"乔，我儿子很聪明吧？当他还是婴儿的时候，我就发现他非常的聪明了。"

"哦，那还真是有才华啊。成绩相当不错吧！"乔·吉拉德嘴里应付着，眼睛却像雷达一样在四处看。

"当然了，没错！他是班里最棒的一个。"

"这么厉害！想必一定有一个很不错的专业吧？他将来要做什么呢？"乔·吉拉德心不在焉。

"乔，你并没有好好地听我说话，我刚刚才说过，我儿子考上了普林斯顿大学，以后要当医生。"

"哦，那太好了。"乔·吉拉德说。

那位顾客看了看乔，感觉到乔·吉拉德太不重视自己所说的话了，于是，他说了一句"我该走了"，便走出了车行。乔·吉拉德不知道自己到底做错了什么，呆若木鸡地站在原地。

第二天上午，乔·吉拉德一到办公室，就连忙给昨天那位顾客打了一个电话，诚恳地说道："我是乔·吉拉德，昨天对您照顾不周，现在我有一辆好车想要推荐给您，您能来一趟吗？"

"哦，世界上最伟大的推销员先生，"顾客不耐烦地说，"我想让你知道的是，我已经买到了一辆车，而且也是一辆不错的车。"

"是吗？"

"没错！我从欣赏我的推销员那里买到的。乔，要知道，当我对他提到我儿子让我多么骄傲的时候，他是多么认真地听，而不是东张西望。"顾客沉默了一会儿，接着说，"你知道吗？乔，你并没有听我说话，对你来说我儿子当不当得成医生并不重要。对你来说，谁签不签合同才最重要！顾客的喜恶你完全不在意，也不懂得如何去认真聆听，真是个笨蛋！"

在那一瞬间，乔·吉拉德才恍然大悟：原来自己犯了个如此巨大的错误——没有人会喜欢不听自己话的人。

为什么上帝只给我们一张嘴，两只耳朵呢？这就是要我们能在日常交流中，多听听他人的诉说，满足他人倾诉的愿望。人都是这样，只有感到别人认真听自己的倾诉后，才会有一种被尊重感，继而有了更深入的谈话。年轻人只要认识到这点，为人处世才会变得顺利，且离成功也就不远了。

我们在日常交流中，多听听他人的诉说，满足他人倾诉的愿望。人都是这样，只有感到别人认真听自己的倾诉后，才会有一种被尊重感，继而才有更深入地谈话的欲望。年轻人只要认识到这点，为人处世才会变得顺利，且离成功也就不远了。

美国著名谈话节目主持人奥普拉是鲁豫的偶像。鲁豫和奥普拉相似之处都是以亲切知性的形象出现在电视荧幕上的，很多人都是因为她们那种轻松随意的谈话方式被征服，尤其是那种"倾听式"的主持风格让人印象深刻。

在《疯狂教授易中天》一期节目里，鲁豫的主持风格一如既往，使节目收到了良好的效果。例如，鲁豫想了解学校授课以及电视讲座之间的区别时，就向易中天提了一个问题："您有这么多年的讲课经验，积

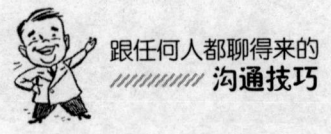

累了这么多年,所以在《百家讲坛》讲课也并非一件太难的事吧?"

这个问题就刚好问到了易中天作为一个教授对授课方式的理解,因此必然能激发他的诉说欲望,而且提问方式并不直白,从而灵巧高明地激发了易中天的"诉苦"欲。于是,易中天在接下来用一句"难啊"作为开头,开始用大段的陈述来讲明自己对两种讲课方式的体验,从"以前有很多学者在《百家讲坛》失败的经历"说到"电视观众和学生的不同反映情况",从"电视剧与话剧的区别"说到"电视讲座所要借鉴的戏剧要素",像打开的水龙头一样。

在易中天讲述的过程中,除了一处必要提问外,鲁豫和其他观众一样都是在扮演着倾听者的角色。正是这种倾听的氛围反而使易中天情不自禁地展开了更宽广的话题,也使观众们更深入地了解了易中天,当时节目现场也是掌声不断。

倾听就是对别人的尊重。有时候对别人最好的尊敬就是倾听。专心地听别人讲话,胜过你给别人很多的赞美。不管说话者是什么人,倾听能达到的功效都是一样的。人们的共性就是把关注度放在自己的兴趣和喜好上,同样,当你在谈论自己的时候,对方在全神贯注地听你讲,你心中自然而然就产生一种被重视的感觉。

沟通方式很多,找到最合适的切入点

在交际中,要学会看对象说话,如果忽略了这点,很容易因为话语不得体而引起对方的反感。要掌握必要的沟通技巧,看清对象,想好之后再说,如此有利于建立良好的人际关系,得个好人缘。

有句俗话"见人说人话, 见鬼说鬼话",这不是虚伪做作,而是一种别有深意的沟通方式。沟通的对象不同，个人喜好就不一样。不分对象，乱说一气，肯定会得罪人。

张老师是某大学的研究生导师，快50岁了，每天都打扮得非常时髦。每隔一个月她还换个新发型。平时用的护肤品也全是高档货。

"哎，我孙子都出生了，我越来越老了啊。"张老师逢人就说，她最怕自己变老。

"大家谁不是越来越老啊，你已经很不错了，看着比同龄人要年轻很多。"

周围人都知道张老师爱美，怕衰老，所以大家都会避开说她老的话题，都不愿意平白得罪人。

有一天，张老师曾经带过的学生来看她，学生毕业后很不如意，就想找老师帮忙，指点一下迷津。

那天，张老师正好感冒了，说话声音沙哑，透着疲惫，整个人看起来也不精神。

"张老师，好久没见了，挺想你的。"学生把带来的水果放下，开始跟张老师寒暄。

"是啊，好久不见，赶紧坐下吧。"张老师对自己的学生很热情，起身倒水给她喝。

很长时间没见面，学生有些尴尬，就开始没话找话说："老师，你的声音听起来很沙哑，人也不精神，看起来比之前苍老了很多。"

听学生这么一说，张老师跟受了打击一样，脸色立刻就变了。

"我只是最近感冒了，有些疲惫。"张老师明显带着不悦。

这时，学生才意识到自己失言了，不该说老师苍老，她那么爱美的一个人，听了这话心里肯定很不舒服。

气氛一下子就变得不对了，学生也没再说自己来的意图，坐了一会儿就走了，张老师也没挽留。

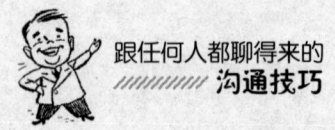

　　在交际中，很多人都会犯类似的错误，说话不动脑筋，不看对象，最后只会冒失地得罪人，也无法达到自己的交际目的。

　　不论是谁，在跟人交往时都必须掌握必要的说话技巧，说话冒失，不看对象，是对他人的不尊重。懂得必要的说话艺术，才能避免尴尬，为社交的顺利进行奠定良好的基础。

　　交流是双方的，如果只顾自己表达，不顾对方的感受，交际就变得毫无意义了。值得注意的是，看到什么人，就说什么话。在沟通时，要懂得迁就他人的说话习惯，用对方喜欢的方式表达，如此才能获得他人的认可。这是简单的语言技巧，也是谈话能继续的保证。

　　有些人认为，看对象说话就是曲意逢迎，是为了讨好他人，奉承他人，从而达到自己的目的。有时为了博得对方的好感，不惜故意说假话，溜须拍马，无所不用。其实这么理解是错误的。看对象说话是为了统一大家的沟通方式，是对他人的尊重，不是心怀鬼胎，居心不良。

　　看对象说话是很有深意的事，其中包含了很多交际常识和谈话技巧。我们要观察对方的为人，了解对方的喜好，探究对方的社交方式等，只有摸透对方，在谈话时才能更合对方心意，跟对方有共同话题。

　　有些人在交际中总是人见人爱，这与他们看对象说话的交际方式是分不开的。分清谈话对象，才能灵活表达自己，才能在交往中做到得心应手。

　　不是所有人都爱听好话，不是所有的善意都能被别人了解。也许我们说的话不是字字珠玑，但就是能说到对方心坎上，更容易被他人理解，也更容易得到信任，这就是看对象说话的好处。

　　在与人说话时，首先要进行分类，观察对象是什么样的人，然后再决定用什么方式沟通。分类的方式有很多，可以根据他人的性格、喜好、文化程度、身份地位等，只要找到合适的切入点，就能找到很好的沟通方式，顺利拉近彼此的距离。

　　在跟性格随意的人说话时，不要太过拘谨。有些人大大咧咧，跟谁说话都"不客气",其实不然,他们不认为随意是不好的,相反,随意是一种亲近的表现。如果跟这样的人交流,你咬文嚼字,中规中矩,他们就很难对你产生好感。

俗话说"入乡随俗",要适应对方的说话方式,沟通才能更顺利。

刘成就很懂得这一套。有一次,他下县谈业务,负责接待他的是小赵。他之前见过小赵,也算熟悉。小赵是东北人,性格爽朗,说话有时也不加遮拦,但能力却很不错。

"你小子最近忙什么呢?好久不见啊。"刘成很豁达地说,他放下了平时的客套劲。

"哎呀,是你大驾光临啊,真是想死我了。"小赵笑哈哈地打招呼。

"公司要的货物准备得怎么样了?要是没准备好我可饶不了你啊。"刘成佯装发狠。

小赵一看更加乐了:"放心吧,我不给别人准备也得先给你啊,谁让咱俩臭味相投呢。"

看似随意的谈话,其实是刘成故意营造的,他深知小赵的为人,喜欢跟爽快的人做朋友。如果自己中规中矩,说话礼貌疏离,效果反而会不好。

跟沉闷固执的人交流时,说话要简洁有重点。这类人话少又固执己见,面对他们,不要迂回说话,通过观察找出对方感兴趣的话题,然后再直截了当地询问就可以了。这类人很反感滔滔不绝,讨厌兜圈子,喜欢直接进入主题。

面对傲慢无礼的人时,尽管讨厌也要耐着性子继续交谈。对这样的人,不需要太过客气,说话要有力,有自己的主见,但万不可伤害他们的面子。傲慢的人常常唯我独尊,一旦觉得丢脸,会做出不理智的事。总之,跟这类人交往时既要强硬,还要适当地软弱。

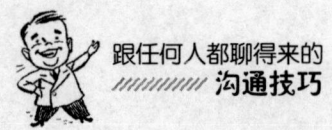

在跟地位比较高的人说话时,要尽量客气,说话不能太随便,要表现出自己的尊重。要三思而后行,尽量说符合对方身份的话。不能按照平时的说话方式。不需要表现出多亲切,但一定要恭敬有礼。

跟文化水平高的人说话时,语言可以适当书面化、深奥一些,可以对语言进行修饰,可以适当含蓄。但跟文化水平低的人就不能如此了,不要夹杂难懂生僻的话,也不要文绉绉的,对方会很不适应。为了避免尴尬,最好多说些大白话。

面对虚荣的人时,不妨多称赞一些,多恭维点,他们会很受用;面对深藏不露的人,最好先向对方表达自己,之后对方才会变得主动。

面对性格温暾的人时,要控制好自己的脾气,说话不要太急,要耐着性子配合才行;遇到自私的人时,不妨先提一些对方可以获得的好处,夸大事实,看到好处,他们自然会变得"友好"。

不论什么时候,交际都离不开交际对象,在交流时要根据对象的具体情况选择说话方式,这样才能避免失礼,才能搭建良好的沟通平台,才能达到自己的社交目的。

投其所好,把话说到对方心坎上

在交际中,难免会遇到话不投机时的冷场,这时我们不能放弃交流,要赶紧转换新话题,避免让窘态继续。

很多时候,在沟通时我们还需要投其所好,找对方感兴趣的话题,这样才能把话说到对方心坎上,才能赢得好感。有人说过:"如果你转换的话题能让人感兴趣,那么你就是很厉害的沟通高手。"

李东和李西是两兄弟,李东比较机灵,不管去哪里都能得到别人的喜欢；李西就显得有些木讷，尤其在跟人交往时常常因为话不投机而被大家嫌弃。

有一次，他俩都想自己开店铺，就去跟爸爸说。爸爸告诉他们："家里现在没这么多钱，不过我有个有钱的朋友，你们一起去找他吧。谁能说动他，谁就能获得他的资助。"

下午，李东和李西就开车出去了。一路上，他俩都不说话，都在盘算如何得到父亲朋友的欢心。

"伯父，很高兴见到你。"一看到那个人，李西就赶紧打招呼，想给对方留下好印象。

老朋友只是随意点了点头，甚至都没说欢迎他们。

"伯父，我想开个商店，想请您帮忙投资一下，我爸爸说你是他最好的朋友，请帮帮我吧。"李西说得非常诚恳。

之后，李西就开始说自己的宏图大业，说得非常激动，但是老朋友越听越不耐烦，甚至开始打哈欠。

"伯父，是不是耽误了您打麻将的时间？"李东看不下去了，赶紧转换了话题。

老朋友一听打麻将，立刻不困了，他说："你怎么知道我喜欢打麻将？"

"我爸在家常说，您打麻将的技术很高啊，我一直想跟您请教，现在终于有机会了。"

就这样，李东开启了一个老朋友感兴趣的话题，两人越说越兴奋，李西在一边尴尬得一句话也插不上。

之后，李东又在适当的时候说了自己创业的想法和优势，老朋友思考了一下，答应给李东投资。

"其实李西的创业想法也不错，要不您也考虑看看？"

在李东的劝说下，李西投资的事也说好了，兄弟俩很高兴地回去跟爸爸分享喜悦了。

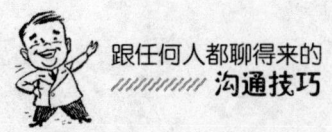

"酒逢知己千杯少,话不投机半句多。"在交际中,如果你不能迅速跟他人找到共同话题,很可能就会失去一次重要的交际机会,甚至引起对方的不满。文中的李东就比较机灵,话不投机时知道立刻转移话题,保证了交流的顺利进行。

在交际中,我们会遇到形形色色的人,有时遇到感觉不好的人时难免会尴尬,感觉话不投机。如果双方都因为话不投机而不愿多说,呆呆坐着,就无法打破尴尬局面,很难有进一步的发展,当然肯定更谈不上建立关系了。

最好的解决办法就是,从对方身上找感兴趣的话题,打开别人的话匣子。如果能做到这些,我们必然会成为交际高手,占据操控者的地位。

在交际中,大家都是有交际目的的,都想把话说到对方心坎上,这样才能起作用。要想做好这些,就必须学会投其所好,说对方感兴趣的事。

有些人不以为意,在沟通时只顾自己的感受,说自己的话,办自己的事,如果细心观察,我们会发现这种交际方式的效率是很低的。

因此,掌握一些必要的说话技巧就是一定要做的事情了。这些说来看似很简单,事实上做起来很不易。它不仅需要我们有投其所好的意识,还要身体力行地去寻找技巧。说话的人不同,寻找共同话题的方式也会有异。

语言是沟通的基础和桥梁,是在交际中成就自己的有力武器,学会投其所好,让自己的语言更有感染力,更能打动别人。

跟人交流,转换话题之前,要先进行观察,如果不能找到对方感兴趣的点,新开启的话题也依然不会让对方满意。

我们可以通过观察对方的着装、表情、言谈举止等找到对方感兴趣的点,然后打开话题,达到我们的交流目的。通常,最适合观察的是一个人的装扮,从装扮中能看到他的内涵、品位、喜好和地位。读懂这些之后,才能准确找到对方感兴趣的点。

如果不能正确观察,我们还可以适当地进行一下了解,从他人的"特点"开始,主动询问,可以询问对方的事业、生活和兴趣爱好,这些通过寒暄都能知道。

一般而言，谈论最多的是对方的兴趣，它不会显得很唐突，可以采用抛砖引玉的方式，先说本人的爱好，再让对方自然而然地说出自己的爱好，然后寻找彼此的共同之处，这样新话题就开始了，而且还是大家都感兴趣的话题。

老杨是个很热心的人，不仅酒量好，而且会说话，很多朋友接待客人，都喜欢让他来捧场，老杨每次都不负众望，把气氛搞得非常好。

朋友的女儿中考成绩不怎么样，没办法到县里的一中读高中，朋友就想通过关系来疏通一下，于是请了一位县一中的领导来家里吃饭。

领导虽然来了，但一直不愿提帮忙的事，朋友看时机不对，也不好意思开口，场面有些冷。

老杨思忖，领导从事教育工作这么久了，管理能力一定很好。

"听说你年轻的时候是位非常有能力的教师，培养了不少人才。"老杨笑呵呵地说，"现在升到了管理层，真不错。"

"有能力不敢当，管理也算是稍有经验吧。"

"我的管理能力太弱了，想跟你请教一下如何提高管理能力。"就这样，老杨转换了一个对方感兴趣的话题，形势立刻好转。朋友所求之事，最后也水到渠成地办成了。

寻找对方感兴趣的话题，在人际交往中非常重要，要想在短时间内建立良好的沟通氛围，避免话不投机，就必须找到谈话的"契合点"。

还有需要注意的是，在交谈中不要以自己为重，要注意对方的情绪，要看对方是否愿意交谈。如果发现对方不感兴趣，或是应付了事，千万不要犹豫，立刻转移新话题。你拖得越久，对方对你的好感也就越少。

只有彼此有共鸣，才能使谈话进行得更深入、更愉快，"孤掌难鸣"，以自我为中心，是无法完成交际的。

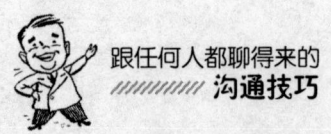

话不投机是大家沟通的主要障碍，要是不及时转移话题，对方会拒绝继续沟通。实际上，要想成为交际高手，绝不能给对方说不的机会。通过及时观察，迅速找到共鸣点，沟通才能继续下去。

沟通要投其所好，要在最短时间内让别人对你的话感兴趣，才能慢慢靠近。这需要很高的技巧，平时只有注意多观察、多锻炼，才能让自己成为交际高手。

会赞美，更要会批评

很多时候我们希望身旁能有一位良师益友，每当自己做事情出现偏差时，他能够及时地对自己批评指正，免得自己在错误的道路上越行越远。但是，当真的有人站出来指正我们错误的时候，我们却感到反感。为什么我们渴望别人给自己提意见，但是当意见、忠告袭来之时，我们又不爱听，甚至听后还感到难受、气愤、自信心、自尊心受挫呢？

究其原因，大都是因为这些批评指正提出的方式使我们心生反感而无法接受。明白了这一层道理，我们今后就要注意，在批评别人的时候，自己所用的方式要让人乐于接受。善于批评的批评者，即使批评他人，也能做到批评"不逆耳"，把逆耳的话顺着说。

我们常说，良药苦口利于病，忠言逆耳利于行。但是我们要知道，现在的药外边都裹上了糖衣，这就使得良药不再苦口，既然良药不苦，为什么忠言非要逆耳呢？

我们要先顺着对方的思路说，等到对方习惯我们的说话方式之后，我们再说出自己的意图，只有这样，我们才能说服对方，完成我们的本色演出。

五代时期，后唐的开国皇帝是庄宗，名叫李存勖。他武力推翻后梁政权后，建立了后唐政权。这时候天下太平，这位好战的皇帝感到英雄无用武之地，非常无聊，非常寂寞。

后来，百无聊赖的李存勖终于找到了一个打发时间的办法，那就是打猎。打猎虽然没有打仗的那种沙场风光，但是骑马弯弓射箭，以及马匹纵跃后荡起的尘土，让他有了一种沙场征战的感觉，别是一番滋味。

一次，李存勖的兴致上来了，骑马打猎，一打就到了中牟县。他纵马驰骋，马匹践踏了很多百姓的庄稼，但是李存勖根本不在乎。中牟县的百姓们倒了大霉，却都敢怒不敢言，只好找到县令。

中牟县县令为民请命，拦住了李存勖的马，想要劝阻。没想到，县令刚一开口，就被李存勖下令要将其斩首示众。随行大臣纷纷战战兢兢，没有一个人敢再来劝阻。

随后，有一个叫敬新磨的伶人，从李存勖后面转到马的前面，并且立即率人追回要被砍头的县令，押到李存勖面前，假装愤怒地指责县令道："你身为一个小小的县令，难道还不知道我们的天子喜欢打猎吗？为什么要求老百姓种庄稼来缴纳国家的赋税呢？为什么不让老百姓空着田地饿肚子呢？为什么不让这些土地空着来让天子打猎取乐呢？你真是罪不可赦啊！"

发泄完怒火之后，敬新磨大声请李存勖对中牟县令行刑，其他伶人也随声附和。李存勖明白了敬新磨的用意，也意识到了自己的过错。于是哈哈一笑便纵马回宫了，并免了中牟县令的罪责，让他回府去了。

金无足赤，人无完人，人生在世，孰能无过？若有过失，即需旁人指点评说。纵使原有自知之明，也难免敝帚自珍。当局者迷，旁观者清。所以每一个人都需要善意的批评来鞭策自己。然而从理论上说，任何一种批评，对批评者和被批评者又存在着这样的悖论现象——批评者害怕自己善意的批评动机会伤害对方，被批评者希望得到别人的指正，同时又害怕失去尊严，因此而畏惧批评。如何化解这种悖论，就是在批评别人之前先设身处地得替别

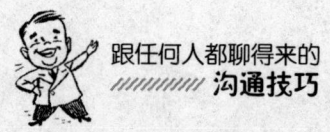

人想想。

　　换位思考，找对劝谏的方式，然后用最适度的语言去感化对方，这样，别人才会认可我们的劝谏，我们才能让自己话语的力量打动对方。

　　　　一天，李毅陪着女朋友王晓蕾一起逛街。这天天气很热，没走一会儿，李毅就已浑身是汗，一个劲儿地在一旁抱怨。
　　　　走到一家冷饮店门前，李毅实在走不动了，说："咱们休息一会儿好吗？天气这么热。"
　　　　王晓蕾说："才走了一个小时你就喊累啊！"
　　　　李毅说："你们女人是天生的走路狂，我们哪能和你们比！"
　　　　不知道为什么，王晓蕾听完此话，突然变得异常暴躁，把东西往地上一扔，说："哼，不想和我走，那你一个人走吧！谁稀罕和你逛！"
　　　　李毅摸不着头脑，迷惑地说："你这是干什么？"
　　　　可是，王晓蕾好像没有听见，依旧一个人站在一旁生闷气。这下子，李毅不知道该怎么办才好了。他发现路边有人正看他俩，更是羞得一脸红，于是有些凶巴巴地说："别闹了，人家都看着呢，多丢人！"
　　　　李毅原以为，这句话会让王晓蕾平静下来。谁知她扭过头，说："你什么意思？你的意思是说，我在这里很丢你的人？"
　　　　李毅一愣，一时间竟无语相对。王晓蕾显得更生气了，说："你怎么不说话，你是不是就是这么想的！你难道没看见我刚才不高兴吗？为什么你不会安慰我一句，反而说出那种话！"
　　　　"够了！"李毅终于忍无可忍，大声喊道，"我就是觉得你丢人，你丢人！"
　　　　顿时，王晓蕾的眼泪流了下来。她说："我记住你这句话了！"说完，扭头就跑走了。李毅颓然地坐在地上，他不知道怎么了，刚才说出那种话。他不停地喃喃自语道："怎么本来快乐的下午，变成这个样子了？变成这个样子了？"

李毅的失败之处就在于，说出了"别闹了，人家都看着呢，多丢人！"这样的话。女孩本来就脸皮薄，加上正在气头之上，听到这种话，怎能不更加生气？怎能不转身离开？

不管是在生活中还是工作中，掌握说话的尺度是非常重要的，如果我们掌握不好，欠了火候，说出来的话，就算是好话，也会因为阴差阳错而变成坏话，而这时，就需要我们掌握好说话的尺度，只有这样，我们才能及时避免话语中所能出现的疏漏。

我们劝解或者批评别人时，要有理有据，要找到一种能让对方接受的方式。只有这样，我们才能达到劝服别人的目的。

批评人时要心平气和，做到诚恳、认真、冷静、耐心，不能急躁，不能怨恨，更不能存心找麻烦。要使用一种温和的语言及有效去除僵硬与冷淡的方式。当你心中愤怒、埋怨、焦虑，想责怪对方时，最好是先克制一下情绪，整理一下思绪，甚至可以先听听音乐，散散步，看会儿电视，等冷静下来后再进行批评。

在进行批评时，最好先适当地表扬对方，通过提及对方干得好，而使对方认为并非自己全都不对，从而改善气氛，以保护他们的自尊，使他们感到既愿意又有能力去改进。

现代社会，是一个人际关系复杂、社交活动频繁的社会，嘴巴厉害的人无论走到哪里都会受到欢迎。掌握好说话的"度"，即使我们是在批评人的时候，也能把批评的话说得动听，而且还可以让对方毫无怨言地接受，只有这样，我们才能走进对方的心里，成功完成语言上的华丽转身。

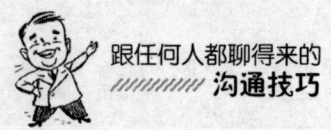

批评恰当，听着也会很悦耳

我们身体上最发达的肌肉就是舌头，既然舌头如此发达，我们何不在舌头上多下些功夫呢？很多会沟通的人在批评别人时，都会选择一种委婉的方式，而不是直来直去地批评。嘴上有真功夫的人，总是力求把批评说得委婉，委婉得简直让人感觉不到你是在批评他，即便是让别人感觉到自己挨批了，也能心悦诚服，欣然接受。这其中，委婉的批评方式起到了至关重要的效用。

在批评别人时，如果批评的语言能够委婉含蓄，能够顾及别人的颜面，那么它能给批评方和被批评方都带来相对平和的心态和较好的结果。反之，如果直来直去，甚至是恶语相向，那不但会伤了和气，还有可能造成不必要的误解和分歧。

一天，王主任对女打字员说："你打字的速度真是越来越快了。"那位打字员突然听到主任对她这样夸奖，受宠若惊，脸都红起来了。王主任接下去又说道："如果你今后打字的时候，对标点符号多注意一些就更好了。"

王主任如果不这么说，而直接让她对标点符号要特别注意，她心里就会觉得今天受了上司的责备，并感到十分羞愧，也许为此会好几天都不愉快。她也许还要为自己辩护，说她自己是很小心的，因为原稿上有错误或是不太清楚的地方，所以她不能负这个错误的全部责任。这样一来，王主任的规劝不但未起到效果，说不定还会由此惹来一些麻烦。可见，委婉说出批评的话会更有益处。

所以我们在批评别人的时候，口气要尽量委婉。因为通常，被质问会给人产生一种不信任感，会把对方逼到敌对、自卫的死角。训斥会让人觉得自己低人一等，觉得自己被藐视、人格上受到污辱，会让人觉得压抑、反感。而口气温和、委婉，会使对方心理上产生内疚感，从而愉快地接受批评。因此批评时，态度要诚恳，语气要温和。得体的语调、表情或其他的身体语言，可以避免在彼此意见沟通时产生敌意。

一辆电车上人很多，而这时又上来一位抱小孩的妇女。于是售票员对乘客说："哪位同志给这位抱小孩的女同志让个座？"但没想到她连喊两次，无人响应。

售票员站起来，用期待的目光看了看靠在窗口处的几位青年乘客，提高嗓音："抱小孩的女同志，请您往里走，靠窗口坐的几位小伙子都想给您让座儿，可就是没看见您。"话音刚落，"呼啦"一声，几位小伙子都不约而同地站了起来让座。

这位女同志坐下之后，只顾喘气定神，忘记对让座的小伙子道谢，小青年面有冷色。售票员看在眼里，心里明白，她忙中偷闲，逗着小孩说："小朋友，叔叔给你让个座儿，你还不快谢谢叔叔。"一语提醒了那位妇女，连忙拉着孩子说："快，谢谢叔叔。"那位小青年听到小孩道谢时，脸色由冷变喜，连声说："不客气。"

常言说，来而不往非礼也。就像上文案例中所遇到的问题一样，小伙子让座了，本来是一件好事，但是女同志却一句话都没有说，这样的做法，就会让做好事的人寒心，虽说做好事不留名，但是我们也需要心灵上的慰藉。这时，通过售票员的帮助，女同志才幡然醒悟，主动称谢，让小伙子的表情瞬间发生了变化。

生活中，要理解人们的合理需要，爱护人的自尊心，只有这样才能把话说到别人心坎里去。如果不能根据交际对象的心理，选择恰当的语言形式，

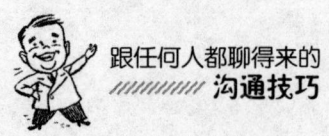

话一出口先挫伤他人的自尊心,必然引起对方的不快,甚至争吵。试想,售票员请人让座时说:"那么大小伙子一点也不自觉。"在劝女同志道谢时说:"别人给你让座,你也不知道说个谢。"后果会如何呢?

委婉的批评人也可以在批评中加一些安慰性质的语言,就像当初福楼拜批评莫泊桑那样:"你这首诗,句子虽然疙里疙瘩,像块牛蹄筋,不过我读过比这还坏的诗。这首诗就像这杯香槟酒,勉强还能喝下。"这个批评虽严厉,但有余地的给了对方一些安慰,眨眼间,我们口中的批评就容易让人接受多了。

说到委婉,就不得不提到间接这两个字,委婉的批评也自然离不开间接式地批评。这样的批评一般都采用借彼批此的方法声东击西,让被批评者有一个思考的余地。其特点是含蓄慰藉,不伤被批评者的自尊心。

委婉的批评是一门艺术,委婉的批评别人不仅要使别人认识错误,还要让人心服,不伤及人际关系。在现实中,人与人之间要的就是相互促进,这就要相互监督,及时指出缺点和不足。但忠言逆耳,批评别人时话不可直说,委婉一点,把批评的话说得好听一点,才会更好地帮助别人。

批评别人前,更要懂得自我批评

知人知面不知心,人心是最难揣度的,这就需要我们不要触碰到别人的底线,只有这样,我们才能保持距离,和身边的人成为朋友。如果我们和朋友之间出现问题了,我们首先要做的就是自我批评。任何一件事情的发生都是两个人不懂得忍让,矛盾激化的结果,而越是如此,就越需要我们主动站出来,坦承自己的错误,只有这样,我们才能影响到对方,让双方和解。

在北宋太宗时期,曹翰因为得罪了太宗皇上,就被罚到汝州。在汝州的日子里，曹翰为了官复原职并且返回京城，每天冥思苦想，但是始终没有一个好的办法。一天，宫里派了个使者到汝州办事，曹翰发现这是一个十分难得的机会，他决定利用这个使者让自己返回京城。

曹翰想办法见到了使者，流着泪对他说："我的罪恶深重，就是死也赎不清，真不知如何才能报答皇上的不杀之恩。来到这里以后，我每天都在认真地反省自己的错误，将来有机会一定誓死报效朝廷。"

曹翰一边说一边哭，说着说着，他拿出了自己的几件衣服，他对使者说："我在这里服罪，只是家里人口太多，没有人去照顾他们，因为没有食物，他们都快活不下去了，这些都是我用不上的衣物，请您回去以后，帮忙抵押一些银两，交给我家里，让他们也好勉强糊口。"

使者回到宫里，向皇上如实汇报了情况。太宗打开曹翰的包袱一看，在几件衣服里面包有一幅画，画的题目是《下江南图》。这幅画画的是当年曹翰奉宋太祖旨意攻打南唐时候的情景。当时曹翰任先锋官，他作战时非常英勇，立下了不少战功。

太宗看到此画就想起了曹翰当年的功勋，一时心里感到非常难受。曹翰本来就是自己的得力战将，只因一时糊涂犯了错误，对他也实行了惩罚，现在应该知道悔过了。于是太宗怜悯之情油然而生，决定把曹翰召回京城。

曹翰先做自我批评，并因此成功地打动了太宗。如果想化解矛盾，想要明哲保身，或者想找人帮忙把事情办好，那么就必须先要从自己身上找原因，不要总是认为自己高高在上，摆出一副盛气凌人的样子。这样，不仅不能解决问题，还会把自己推向风口浪尖。

我们要做的就是要从人情上去考虑，没有人会愿意和一个趾高气扬的人打交道，我们想要得到真心，就应该先要付出真心，只有这样，才能让自己身边的朋友越来越多。

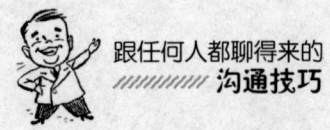
跟任何人都聊得来的沟通技巧

韩超和张晓华是一家公司的同事，但是因为前段时间发生的一件事，他们两个人的关系闹得非常僵。当时，公司正准备给员工分一套房子，最后，韩超拿到了房子，而张晓华却没拿到。事后，张晓华就对韩超耿耿于怀，年终测评的时候，韩超的评分比去年低了很多。

韩超心里掂量了一下，他觉得这些事肯定与张晓华有关系，他就想尽快把两人之间的关系调节好，这样才能在工作上争取主动，取得成绩。如果想要把两个人的关系搞好，最好的办法就是抓住机会，多关心张晓华，让他放下和自己的芥蒂。

最近，韩超开始主动去了解张晓华，韩超无意间听说，张晓华家的孩子有一年就要高考了，成绩却不怎么理想，如果请个家教的话，不仅费钱，而且还不知道有没有效果。

韩超得到这个消息后，觉得这是一个好机会。韩超以前做过家教，于是，韩超就主动和张晓华说，自己抽空给他孩子补习。张晓华刚开始还是没有放下两个人的隔阂，但是耐不住韩超的坚持，再加上孩子学习的事确实是张晓华的一块心病，就同意了韩超的建议。

经过韩超几个月的补习，张晓华孩子的学习成绩明显提高了很多。张晓华非常高兴，对韩超越看越喜欢。在单位提拔人才的时候，张晓华第一个站出来支持韩超。

我们与身边人保持距离，是因为我们每个人都有介怀心理，认为身边人对我们都是带有某种目的才会靠近我们的。但是，如果我们不接触，又怎么能了解这个人好坏呢？适当的距离可以为我们接触提供一个轻松愉悦的氛围，这样，我们的内心就能自然而然地放下防线，和对方进行交流了。

保持适当的距离是尊重的一种体现，我们每个人都希望有自己的独处空间，不希望别人涉及。可是我们每个人都有交流的欲望，都希望交到一些真正的朋友，但这就需要我们将心比心地去做。

当两个人发生矛盾时，我们首先要做的不是去指责别人，更不是脸红脖子粗地和人去打架，而是先要自我批评，找到自己的错误，改正自己的错误，只有先做好自己，我们才有权去指责别人。金无足赤，人无完人。我们要做的就是多去了解别人，只有这样，我们才能在人生的舞台上展现出自己独特的魅力。

第二章 良好的沟通，懂赞美更要会批评

第三章 懂点幽默，拉近彼此间的距离

有了幽默感，和谁沟通都不尴尬

在现代社会生活中，人们的社交活动已经扩展到了很多场合。在一定程度上甚至可以说，凡是有人类生活的地方，就有社交活动。同样地，凡有社交活动的地方就少不了幽默。

从社交礼仪的角度来看，幽默的运用不仅会令人产生许多温馨的感觉，还能给人留下较为深刻的印象。

一位先生去看望一位小姐，保姆却对他说："不好意思，我家小姐要我告诉你，她不在家。"

这个人就说："没有什么，你就告诉她，我并没有来过就可以了！"

故事里这个聪明的先生就是采用了一种幽默处理法，以善意的话语说出了自己的心情，并且对女孩避而不见的做法表达出了不满。可以想象，当这位小姐听到这种客气的答话的时候，肯定会忍不住走出来与他见面的。

其实，从社交关系上来看，不论你是达官贵人还是平民百姓，都可以用幽默来获得意想不到的效果。

有一个城里人取笑乡下人，他对乡下人说："喂，你是第一次进城吧？有什么感慨啊？"

"当然有呀！好像城市都是在田野里建起来的。"乡下人答道。

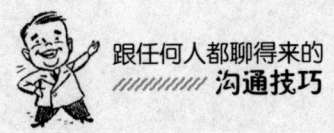

在现实社会中，每个人的人生态度都是不一样的，形形色色的人走在各自不同的人生道路上，形成了各自不同的人生观、价值观。应该提醒大家的是，要想潇洒地面对人生，就少不了幽默，这对任何人来说都不例外。

有人说，幽默是一种艺术，是用来增进我们和他人的关系，并且改善我们对自己真诚评价的一种艺术。在现实生活当中，赞扬需要幽默，而指责更需要幽默，因为幽默能使指责传达出善意。

如果双方意见发生了分歧，其中一方的当事人用幽默的语言来暗示、责备，即使是调侃式的、半宽容的幽默语言，也能正确无误地表达出自己的责备之意，并达到不至于伤害对方的目的。这说明用幽默的方式传达给对方之后，对对方产生的作用并不完全在于这是些什么话语，而在很大程度上在于我们给对方的是一种什么样的感觉。

在社交场合，用这种幽默讲讲笑话是可以的，但是也要视具体的环境、对象与氛围，注意把握分寸，采取适当的形式来表达出合适的幽默来，才能收到好的效果。

其实，在现实生活中，有很多事情都会令人无所适从，通过一般的方法也是难以解决的。此时，人们往往采用幽默的方式，将自己所有的不满与不快都包含在这幽默的话语中。

另外，幽默往往使其拥有者远远地胜出其反对者，真正的幽默高手应具有这样一种自制力，他可以在最恰当的时机给对手以沉重的、致命的打击，而不是仅仅产生一时冲动、简单急躁或未经深思熟虑的异常行为，以及愤怒、生气等。

用幽默还可以化解困境，回答比较疑难的问题，维护自己的利益，捍卫己方的尊严，而又不伤害对方的面子，这是其他方法难以媲美的。

所以说，幽默是社交成功的法宝之一。我们可以充分发挥自己的聪明才智，巧妙地运用幽默的力量，通过成功的社交走上成功之路。

幽默是通往心灵的桥梁

我们都知道，语言是沟通的媒介，而让语言通向他人的心灵没有任何有效的方式，只有依靠幽默。它可以消除内心的紧张，化解生活的压力，它还可以有效地降低人们之间的摩擦，缓和矛盾和冲突。因此，幽默的语言不仅是打开沟通局面的良方，而且还是通向对方心灵的桥梁，它能让我们风趣诙谐地表达自己的某种心意，并以最快的速度直抵他人的心灵。

有一天，法国画家奥拉斯·韦尔纳正在勒芒湖边作画，一个女青年向他走了过来，并对画家的作品提出了一些修改意见。

第二天，在一艘回巴黎的船上，他又碰到了这位女青年。这位女青年对他说："先生，一看你就是个法国人。听说大画家奥拉斯·韦尔纳也在这艘船上，你能介绍他给我认识吗？"

"小姐，你真的很想见他吗？"

"是的，先生，我非常想见他，要知道，他可是我心中的神话。"

"哦，亲爱的小姐，不必那么麻烦了，因为昨天上午你已经认识他了，并且你还给他当了一回绘画老师呢！"

这里，奥拉斯·韦尔纳刚开始结识这位女青年的时候，并没有道明自己的身份。而很明显，当他开完玩笑后，女青年便了解自己身边的先生便是自己"心中的神话"，并且，"这个神话"并没有端着高高的架子，而是如此幽默、风趣、平易近人。于是，两个绘画爱好者的深层次交流便开始了。

据说，新中国成立前上海有位大学教授叫姚明晖，他身体瘦弱却总

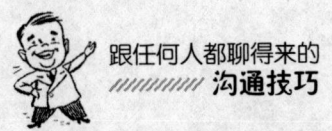

是穿着宽大的袍子。到了冬天，天气变冷，姚教授头上戴头大风兜，从远处看去只露出一副眼镜、一个尖尖的鼻子，一撮翘翘的山羊胡须，十分滑稽。

一天上课，姚教授和平时一样的装束，走进教室。只见黑板上不知哪个调皮学生用漫画笔法赫然画了一只人面猫头鹰。而那人面画得活像这位满腹经纶的老教授。姚教授站在黑板前面看了一会儿，脸上毫无愠色。拿起了一支粉笔，一本正经地在漫画旁写道："此乃姚明晖教授之容也。"写完之后，大家笑了，姚先生也笑了。那位提心吊胆的漫画作者舒了一口气，对教授产生了一种高山仰止的尊重和敬意。

姚教授看到黑板上的漫画时，他知道那是学生们的恶作剧，是学生们在笑话他那副尊容。这时他如果冲学生们发火，那么结果只能变得更坏，自己丢的脸更大。所以他不冲学生们发火，而是自己主动地指出黑板上画的就是我姚明晖。在这种情况下，学生们只顾笑，而忘记他丢了脸面，并且此举还会让学生们由衷赞叹那博大的胸怀。同时，只有在这种良好的师生关系下，学生的学习兴趣才会被激发出来。

人与人之间心灵的沟通，离不开语言，而幽默正可以填补人们之间心灵的鸿沟，是与他人建立良好关系不可缺少的东西。

要知道，朋友、同事相聚，最忌一个人唱独角戏，大家当听众。成功的社交应是众人畅所欲言，各自表现出最佳的才能，作出最精彩的表演。为了达到这一目的，就必须寻找能引起大家最广泛共鸣的内容。有共同的感受，彼此间才可各抒己见，气氛才会热烈。所以，作为沟通的一方，我们应该联系各种因素制造幽默范围，让沟通进一步进行，以免出现冷场的尴尬。但要做到这一点，还必须谨记：

1. 控制自己的情绪，做个"冷面笑匠"

制造幽默、开玩笑，是要达到让大家笑的目的的，为此，关键是我们自己不能先笑，更不能提前给听众"打预防针"。假如笑话还未开始，我们便说："我讲个笑话给你听，这个笑话可好笑了！"这样，对方便会产生一种心理预留机制，他们在内心会产生一种想法：你的笑话肯定不好笑，你才会这么说，我就不笑给你看！所以，讲笑话前一定不能实现透露，出其不意才会制造幽默。

2．讲笑话的窍门在于能够共鸣

制造幽默的题材最好要有处境感，比如，如果把有外国处境的笑话直接搬到香港，可能会因为文化差异而让人笑不出来。如在北美洲，有人会停下车，脱下鞋和袜子，伸出双脚到车窗外透气，外国人天天都能见到，便觉得很好笑；但这种情境在香港并不常见，香港人便无法感受。

幽默是打开交际的助推器

在交际场合，我们最终的目的是与陌生人成为朋友，所追求的是一团和气，而不是争执、冲突。谁朋友比较多，谁就是最大的赢家，因为朋友就是人脉。俗话说："在家靠父母，出门靠朋友。"假如在交际场合中我们可以多交一些朋友，经常与朋友谈心、聊天，这样就会慢慢地拓展我们的交际圈子，我们所了解的信息也越来越多，而且，在与朋友的相处过程中，我们可以以他人之长补己之短。若是遇到了什么难过的事情，或遇到了什么重大的困难，身边的朋友也可以为我们出出主意。伤心难过的事情，可以找朋友倾诉；开心幸福的事情，可以跟朋友分享。虽然，这是众所周知的道理，却有不少人道出"交友难"的苦水，似乎自己并不差，但好像就是得不到别人的认可，这该怎么办呢？其实，交友难，难就难在交友的方法上，而幽默却是一种很有效的方法。即便陌生人见面了，假如能幽默一点，那气氛将变得十分活跃，双方之间的交流也会变得更加顺畅，同时还为日后更加和谐融洽的人际关系奠定坚实的基础。

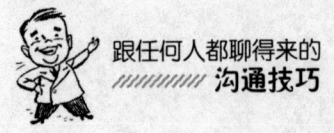

  张也明特别喜欢跟客户聊天,每个客户都是他的哥或姐,嘴巴甜和脑子很灵活都是他的优势,幽默的语言始终装在他的脑海中。

  有一次,女客户阿涩用微信向他抱怨:"你们公司卖的抽纸太少了,应该只有200张吧,每次看电视剧,哭着哭着就没有抽纸了。"张也明笑着说:"姐,具体我不知道有多少张,根据我看韩剧的经验,一般一包纸都不够我哭的,有时候我会摆个十包抽纸放在桌上,同时撕开用。"阿涩笑起来:"想不到小张的泪腺比我们女人都丰富啊,看来我还是买少了。"

  你看,多么幽默的一个小伙子,一下就把抱怨的姑娘给逗乐了。

  交朋友是一个长期的话题,人的一生都会在不断交友中度过,每个时刻的朋友都会不一样,每一个环境的朋友也都不同,回忆一下,泛泛之交太多,而真心交流的朋友太少了。

  有人看了很多交友书籍后却发现自己完全没有交友的能力,他觉得自己的书读错了,于是换了一堆书。结果某一天他幡然醒悟,靠技巧交的朋友又有多少是真朋友呢。

  这是一个一直都存在的争论,到底是原始交友好,还是技术交友好。其实这个问题跟缘分有点儿像,到底是自然而然的缘分好,还是勇追而来的缘分好呢?从学术的角度看,一个是自然派,一个是现代派,前者表现的是无所谓的态度,而后者是"我命由我不由天"。

  作为一个社会人,我们必须要做技术派,如果不往前走一步,那么我们就会往后退一步,当人生退后一步的时候,见识等各方面都会呈现落后的征兆,我们没有交往的那些人可能会让我们的人生更加积极向上,让我们本人越来越富有魅力。

  交友的态度确定以后,我们应该直接实施技术派交友的方法。无论是内在计划派还是外在技术派,我们都不在此展开文字探讨,这里只讲幽默交友之道。

在日趋疏远化的社会群体中，当我们两个月不见好友，可能在路上彼此见了都忘记了长相，这种说法可能有点夸张，但这种快餐式的活动下，很多交流都越来越短暂，就像广告越来越短，而图书的文字也越来越少一样。

信息时代，对文字的运用让很多人的交友经验都异常丰富，来不得半点虚假，如果在文字中表现得幽默一点，就很容易让人们第二天继续跟我们沟通，而表现得平淡一点，则会让人忘记我们的相关事情。可以选一个幽默的短信，在平日里给一些好友发送，以保持沟通，如下面的短消息就很合适。

馒头和面条打架，馒头被打哭了，回家叫上花卷和包子去面条家报仇，结果这次是方便面开门，馒头说："你小子把头烫了，我也认得你！"

电话、微信交友也一样，幽默的语言是除了优秀的嗓音以外最吸引他人的地方。一个人喜欢跟我们聊天的原因，或者是因为业务往来，或者是因为感情，或者是因为某种吸引力。

当一位身材矮小的男教师走上讲台的时候，台下的学生有的面带讽刺，有的则交头接耳，暗中取笑。这位老师扫视了一下全班同学，然后无不幽默地说："上帝对我说：当今人们没有计划，在身高上盲目发展，这将产生严重后果。我警告无效，你先去人间做个示范吧。"听到老师这样的话，全班哄堂大笑，然后变得非常安静。显而易见，他们都对老师的幽默敬佩不已，而忘记了他身材上的缺陷。

当我们变得幽默，我们的朋友就会越来越多，陌生人也会成为新朋友，更多的新朋友会逐渐成为老朋友。面对这些新老朋友，彼此之间是没有交流障碍的，我们可以以幽默的谈吐谈天说地，包括过去有趣的事情，未来美好

的愿望、工作中的成绩、家里的烦恼都可以跟朋友一起分享,同时,在这个过程中,我们还可以收获更多的友谊。

幽默的人,就是最受欢迎的明星

我们毫不怀疑幽默的力量,可以说,幽默可以让我们像明星一样受欢迎。在生活中,即便我们没有看见明星出场的真实场景,不过,在电视上也见过不少,那些粉丝的欢呼声、喝彩声一片接着一片。虽然,在现实生活中,幽默的人也许不会受到这样热烈的欢迎,但是,受人喜欢倒是常事。现代社会,人际关系越来越复杂,许多人整天摆着不是"九点十五分"的扑克脸,就是"七点二十五分"的苦瓜脸,长此以往,陌生人都会避而远之,更别说身边的朋友了。我们经常强调"人生无处不销售"的概念,不仅仅销售商品,还要把自己推销出去,而且要销售出一个"好价钱",让大家欣赏我们、肯定我们、欢迎我们,想要认识我们,希望跟我们做朋友。当然,如果我们正好是一个富于幽默的人,那我们就可以在人际中享受明星般的待遇了。

某大学植物系有一位植物学教授,开的尽管是比较冷门的课程,不过,他几乎每堂课教室都爆满,甚至许多同学愿意站在走廊里旁听。当然,并不是因为这位教授所具备的知识和资历有多渊博,而在于他的幽默感风靡了全校,使得越来越多的同学都喜欢上这位教授的课。

有一次,这位教授带领学生们去一个原始山脉森林做校外实习,这一路上看到了一些叫不出名字的植物。对此,学生都好奇地问教授:"这是什么?"教授都一一解答。听着教授详细的讲解,一位女同学忍不住停下脚步,对教授赞叹道:"老师,您的学问好渊博哟,什么植物都知道得这么清楚！"这位教授回过头来，眨了眨眼睛，笑着说："这就是我为什么故意走在你们前头的原因了，只要一看到不认识的植物，我就'先下脚为强'赶紧踩死它，以免漏气！"学生听了都笑得前仰后合，当然，我们可以想象，这样一趟野外实习肯定充满了笑声。

从这个小小的故事中，我们就可以知道为什么这位教授如此受学生欢迎了。在他的课堂中，常常开个小玩笑，幽默一下，而这就是他广受学生欢迎的原因。当我们将严肃放在一边，学会幽默，那我们也可以成为一个受欢迎的人。

有一次，英国首相、陆军总司令丘吉尔去视察一个部队。由于刚下过雨，路很滑，他在临时搭起的台上演讲完毕下台阶的时候，不小心摔了一个跟头。士兵们从未见过自己的总司令摔过跟头，都哈哈大笑起来，陪同的军官惊慌失措，不知怎么办才好。

没想到，丘吉尔微微一笑说："这比刚才的一番演说更能鼓舞士兵的斗志。"最后的确如丘吉尔所戏言的，士兵们对总司令的亲切感、认同感油然而升，更加坚定地听从总司令的命令，英勇战斗。

不管我们是善用幽默化解尴尬，还是善用幽默制造气氛，但只要我们是一个具备幽默感的人，那就是一个受欢迎的人。因为幽默的人是快乐的，他所能带给我们的也是快乐，而谁也无法拒绝快乐。

幽默，可以使人与人之间积极交往，可以降低紧张感，制造轻松的气氛；可以帮助人找到冲突和情绪困扰的原因；可以用安全不带威胁的方式表达内心的冲突。在生活中，那些具有幽默感的人，他们往往可以挖掘出事情有趣的一面，可以欣赏到生活中轻松的一面，从而形成自己独特的风格和幽默的生活态度。这样富于幽默的人，容易让人产生亲近他的念头，这样的人，使那些接近他的人也会感受到轻松愉快。

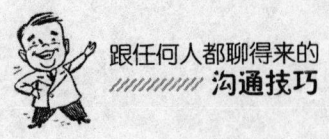

用幽默表达意见，沟通起来更顺利

美国心理学家赫布·特鲁说："幽默可以润滑人际关系，消除紧张，减轻人生压力，使生活更有乐趣。它把我们从个人小天地里拉出来，使我们一见如故，寻得益友。它帮助我们摆脱窘迫和困境，增强信心，在人生的道路上知难而进。"所以，我们说幽默是一种十分奇妙的沟通力，只要在一次沟通中融入了幽默的元素，那这次沟通就是令人愉悦的。或许，我们不知道，幽默可以建立良好的沟通力，从而帮助我们解决生活中的一些难题。在日常交际中，一个卓越的沟通家或许不是最会说话的人，但是，他们却善于运用幽默，透过幽默的表达方式，能够让听众更容易接受他所表达的意思。幽默本身就有一种神奇的令人感到快乐的力量，因此，我们也说，幽默是一种奇妙的沟通方式。

王蒙先生不单单是一个作家，而且还是一个出了名的幽默大师，在他的许多文学作品中都蕴含着幽默、诙谐、辛辣、豁达的语言。

有一次，王蒙先生应邀到上海某大学演讲，当时台下同学的积极性并不是很高，于是，风趣的王蒙先生便以幽默的方式开了头。他一开始是这样说的："由于我这几天身体不太好，感冒咳嗽，不能多说话，还请大家谅解。不过，我想这不一定是坏事，这是在时刻提醒我——多做事少说话……"他这句幽默的开场白立即把台下同学的情绪调动起来了，于是，台下的同学纷纷竖起耳朵，打起精神来听王蒙先生的讲座。在他的整个演讲过程中，诙谐的语言不断，台下的掌声也不断。

当王蒙先生提到读者与作者的关系以及如何更好地把握一部作品的时候，在台下同学看来本来是一个多么严肃的话题，但王蒙先生却以风趣的语言作了这样的解说:"我希望大家在评论一部作品时,不要轻易下结论,要反复地多读几遍,读懂,读透。千万不要像有些人那样,看到我走路先迈左脚,就说'王蒙犯了左倾主义';看到我先迈右脚,又说'王蒙犯了右倾主义';如果我因为感冒咳嗽用手绢擦了擦流出的鼻涕、眼泪,他就喊'王蒙现在又沮丧、颓废啦'……"听到如此犀利、生动的诙谐语言,充满了幽默感,台下同学的热情被点燃了,在王蒙先生结束演讲之后,许多同学还对他恋恋不舍,多想再听他讲一次。

在日常交际中,幽默就像必不可少的调味剂,如朋友聚会,结伴旅行,当大家都感到疲惫或长时间静坐无语的时候,这样的气氛是让人感到沉闷和难受的。这时,假如一个充满幽默感的人说了一句笑话,一定可以改变当时的气氛,从而带来快乐,让人们忘记暂时的疲惫和烦恼。若是在朋友聚会中适当开个玩笑,那也可以营造一种活跃的气氛,让彼此的友谊更加坚固长久。

众所周知,乱丢垃圾是一个让人十分头疼的问题,不过,荷兰一座城市却采用了一个十分有趣的方法,从而使这座城市变得非常干净。这个城市曾采用增加罚金和加强巡视的方法,不过这样所起到的作用是很小的。后来,城市管理者想到了一个方法,那就是在垃圾桶上装一个录音机,让垃圾桶和那些乱丢垃圾的人"说话",每当垃圾被倒入垃圾桶之后,垃圾桶就会说一段笑话,不同的垃圾有不同的笑话,用这样的方式来吸引更多的人自觉地倒垃圾,当然,效果不言而喻。

类似的幽默在美国也有。在美国街头,当垃圾被扔进一些垃圾桶的时候,垃圾桶就会说:"好吃,好吃,再给我吃点。"幽默的神奇之处在于,当我们善于用幽默表达意见时,更容易被人接受,这样一来,彼此的沟通自然更加顺利。

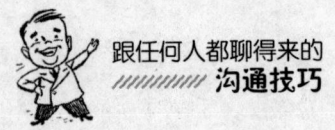
跟任何人都聊得来的
沟通技巧

宽慰对方，幽默是最好的良药

在我们身边有许多人渴望得到宽慰，有可能是失业的朋友，有可能是身患绝症的同事，有可能是正经历婚变的大学同学，有可能是患重病的亲人，等等。面对困境中的他们，我们能帮什么忙呢？对我们而言，目击他人的伤痛与不安，是一件异常痛苦的事情，我们经常会想办法解决它，或者采取某些行动。然而，有的人不懂得宽慰对方，或者为了避免说错话，选择什么都不说，错失了表达关心的机会。其实，当朋友需要支持，或者需要帮助的时候，我们应该尽可能地用言语去宽慰对方。可面对伤痛，太多的言语反而显得苍白无力，这时我们该怎么办呢？不如试着用诙谐的语言劝慰对方。在笑声中忘记痛苦与烦恼。这不仅是一种友善的行为，也会令对方心存感激，继而使彼此之间的关系更为亲密。

一个胖女人非常贪吃，除了一日三餐，她还各种零食不离口，最终导致消化不良。于是她前去求医。

医生看到她肥胖的身体，就知道是怎么回事了。除了给她一些助消化的药外，医生还对她说："我送给你开胃的一剂名药吧。"

胖太太忙问是什么开胃药，医生告诉她："饥饿就是最好的开胃药。"

胖太太明白了医生的意思，会意地笑了。

这位医生用幽默的方法间接地劝告胖太太要少吃，避免了直接刺激她"胖"的话题，因而获得较好的规劝效果。

要想成功地劝说对方，除了自己掌握真理之外，还应该掌握正确巧妙的方法，如果能巧用幽默，委婉提醒对方，更能打动人心。

有一位爸爸，总是自视甚高，在孩子面前，从来都认为自己是对的，把权威硬压在孩子的身上。孩子想让爸爸意识到这个问题，但又怕伤爸爸的自尊，就采用了如下方法。

儿子问："爸爸，是不是大人总比孩子知道得多？"

爸爸答："那还用说！"

儿子又问："那么，电灯是谁发明的？"

爸爸答："爱迪生呀！"

儿子最后问："那爱迪生的爸爸怎么不发明电灯？"

爸爸顿时哑口无言。

幽默地劝说他人，就要尽可能顺着对方的意思说，让对方感到劝导者是他的同盟，从而乐意听从劝说，并接受劝导一方的观点，这样劝导成功的可能性才会更大。

在日常交际中，当几个朋友闲来无事坐在一起聊天的时候，就可以把幽默的语言作为一种增进感情、互相安慰的调味剂。假如朋友生病了，为了不提及对方的伤心事，我们不应该直接询问病情，而且即便算是一种安慰，也不会真正地消除朋友内心的阴影。这时我们应该想办法给朋友带来一份好心情。幽默的语言就派上用场了，比如，我们可以说："你多么幸运啊，我也希望生点病，好让我安静地躺在床上休息几天。"这样幽默的语言往往是一种安慰病人的有效方法，而且还能够给对方带来欢乐。

一个因丧妻而患严重忧郁症的老年男子，对任何人的安慰都十分反感。一日，一个老朋友登门造访，全然不提病情、疗法之类，只是问："不知是否想过，假如你先去世，而尊夫人还活着，那会是怎样一种情形呢？"这位男子脱口便道："噢，那对她来说太可怕了，她该遭到多

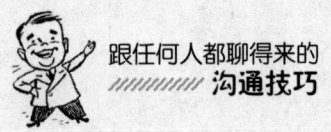

么巨大的痛苦啊！"那老朋友听罢便继续开导："你看，现在她却没有这个痛苦，那是因为您的安然无恙才使她免除了痛苦，所以，现在你必须尽一分义务，付出一点代价，那就是以继续健康地活下去的决心，为你心爱的人免除痛苦，这代价是值得的！"

短短一番风趣的话，让那老人豁然开朗，同时，也令老友心中充满感激。人生在世，总会遭遇到诸多不幸，当我们健康幸福地活着的时候，也不要忽视了身边的朋友、同事以及亲人的伤痛，适时地为他们送上亲切的宽慰之语，令他们充满感激。若他日我们有了什么困难，他们也不会袖手旁观的，这就是人情所在了。

有时候，劝慰语言并不是一本正经地表达某种同情，它可以诙谐一点，这样所表达出来的效果会更贴切。比如，安慰失恋的朋友，可以这样说："你虽然失去了一棵大树，但换来了一片森林呀。"

风趣的寒暄，拉近彼此心理距离

游走在社交场合的我们虽然名片越来越多，但无话不谈的真正朋友却很少，似乎大多数朋友都是场面上的。与人见面，无非就是"您好"、"再见"，除此之外，似乎再也没有什么话可说了。对于交际场合中的朋友，即使打了招呼说"您好"，还需要巧妙周旋几句才能说"再见"。许多善于运用幽默的社交高手，风趣寒暄几句，就拉近了彼此的心理距离。等到再次见面的时候，曾经场面上的朋友已经成了很好的朋友。在生活中，客套的"场面话"是不可或缺的，它犹如黏合剂，拉近了人与人之间的心灵距离。一旦缺少了适时的场面话就使整个交谈尴尬窘迫，甚至不知道接下来该说些什么。特别是对于那种还比较陌生的朋友，适时的场面话更不可缺少。所以，在日常交际中，我们需要适时风趣寒暄几句，给人留下深刻的印象。

新年就快到了，公司为了庆祝，特地举办了一次鸡尾酒会。销售部最年轻的经理小王也参加了，跟不同的客户寒暄了几句，小王就躲进了角落里喝橙汁。他不太擅长说场面话，所以，自己躲起来图个清静。没想到，一个商人模样的老外却走过来打招呼，小王赶紧放下冰橙汁，与他握手。那位老外笑着说："为什么你的手冷冰冰的呀？"小王忙着解释，朝那杯冰橙汁指了指，老外马上摇头："不不不，你只需要说'但我的心是热的'就行了。"小王窘迫地笑了。

也许，老外并不关心小王的手为什么是冰冷的，而小王也没有必要解释为什么自己的手是冰冷的。当两个陌生人见面时，他们所需要的只不过是风趣地寒暄几句，这样可以在有限的时间内给人留下深刻的印象。一般情况下，那些诙谐幽默的场面话，定会对给对方留下深刻的印象，无形之中就拉近了彼此的心理距离。

雪后初晴的一天，作家盖达尔正在公园里兴致勃勃地堆雪人。忽然，在他身后响起了"咯吱咯吱"的踏步声，他回头一看，一位年轻姑娘正向他走来。姑娘彬彬有礼地向他伸出右手说："我认识您，您是作家盖达尔，我读过您的全部著作。"盖达尔听了微笑着幽默地说了一句："我也认识你，你或许是七年级或十年级的学生，我也读过你全部的书，代数、物理、三角。"这时候，姑娘笑着作了自我介绍，从此，他们便成了好朋友。

在日常交际中，寒暄的目的就是结识朋友，同时也是增进彼此的感情。我们所说的话，就表达了自己的情绪和情感，我们所要传递给对方的信息全在这句话里，因此，一定要增加幽默的元素，风趣的话，往往能起到意想不

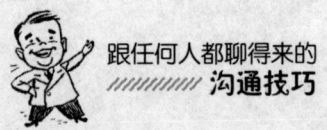

到的作用。

寒暄是人们在应对各种关系时的现象之一,这是日常交际的需要,但并不意味着你的寒暄说得越多越好,而在于越风趣越好。毕竟,在交际场中,人们所听到的寒暄并不少,他们只会记住那些特别的。而幽默是完全具备这个特质的,当许多人习惯性地说"您好",你却风趣地说一句"这个世界太小了,竟然在这里遇到你了",那肯定会给对方留下十分深刻的印象。

一句幽默,就能让人刮目相看

幽默往往以使人愉悦的方式表达人的真诚、善良和大方,它就好比架设在人与人之间的桥梁,有效地拉近了人与人之间的距离,消除了人与人之间的隔阂。幽默的力量是不容小觑的,在现实生活中,有可能仅仅一句风趣的话,就可以令身边的人对自己刮目相看。当然,我们不能过分地夸大幽默的作用,但幽默最大的特点就是能够使人感到快乐,不是吗?可以说,幽默是人类独有的特质,是智慧的体现,因为它可以化解许多人际间的冲突或尴尬,可以化怒气为豁达,同时还会给身边的人带来许多快乐。那些富于幽默的人走到哪里都会受人欢迎,因此我们可以说,幽默可以缩短人与人之间的距离。

美国第16任总统亚伯拉罕·林肯举办过一场让人津津乐道的演讲。策划者在那场演讲中安排了一小段时间进行自由提问,由听众把问题写在纸条上递给林肯,由他念出来后再予以回答。当打开最后一张纸条时,林肯发现上面竟然只有两个字——傻瓜。

林肯略微一怔,还是微笑着将这两个字公之于众。台上台下顿时都议论纷纷,暗自揣测一向以亲民著称的林肯将怎么收场。只见林肯不紧不慢地接着说道:"本人收到过许多匿名信,全部都只有正文没有署名;今天却恰恰相反,这一张纸条上只有署名,而缺少正文!"

面对如此挑衅的纸条,林肯没有暴跳如雷,而是用一个小小的反讽幽默将自己的机智和从容展现在人们面前。同时,他也借助这个幽默把快乐带给了自己的支持者。能带来欢乐的人当然更容易得到大家的喜爱和认同。由肯定林肯的演讲开始,人们慢慢肯定林肯的为人,进而被林肯特有的魅力所感染,这就是小小幽默所产生的强大的影响力。

幽默是什么?幽默就是快乐,无比的快乐。生活中,只要我们稍微动动脑筋,可以说人生处处充满了幽默,处处充满了欢声笑语。幽默的力量,不仅仅是化解困境,更关键的是在化解尴尬的同时能带给我们快乐。人生就好比一张白纸,我们可以乐观地在这张白纸上画出美丽的图画,也可以悲观地画出沉闷的基调,不过,只要我们心怀阳光,乐观积极,那我们就会用幽默来驱散内心的不快,把自己变成一个无比快乐的人。

一位年轻人骑着新买的摩托车在大街上闲逛,不料,"咣当"一声,那崭新的摩托车撞上了小轿车,幸好人没事。小伙子一边查看那辆崭新的摩托车被撞后的残骸,一边对围观的人说:"唉,我以前总说,有一天能有一辆摩托车就好了。现在我真有了一辆车,而且真的只有一天。"围观的人听了,都哈哈大笑起来。

在这个小故事中,对这位年轻人而言,自己的摩托车被撞已经是无法挽回的事情了,但天性乐观的他并不把这件事放在心上,而是善用幽默的力量,这样既减少了自己的痛苦和内心的不愉快,同时还给围观的人带来了快乐。

幽默的特点是机智、自嘲、调侃、风趣,等等,幽默不仅能给我们带来快乐,同时还可以消除敌意,缓解摩擦,化解矛盾。可以说,在日常交际

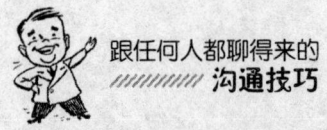

中,那些富于幽默感的人,通常会拥有好人缘,较快缩短人际交往的距离,从而赢得对方的好感和信赖,而那些缺乏幽默感的人,则会在一定程度上影响交往,而且会使自己在别人心目中的形象大打折扣。我们可以判定,具有幽默感有助于一个人的身心健康。在日常交往中,我们要善于主动交际,扩大交际面,与人为善,主动帮助他人,从而体验幽默的乐趣。

幽默,切记不可急于求成

古人说:"妙在水到渠成,天机自露,我本无心说笑语,谁知笑语逼人。"幽默也是如此,最好能在充分的铺垫后薄发,不可急于求成。

幽默的语言是有一定过程的,可以将这种过程比喻成建一栋高楼,若没有几米深的地基,就不会有高楼的拔地而起,不盖第一层和第二层楼,就不会有最高层。这是一个需要不断沉淀造势的过程,因为,成功的光芒只有在最后一刹那才可以显现出来,才能"一句中的"天下乐,让幽默取得良好的效果。

例如,在《正大综艺》节目中,有一次赵忠祥手拿一张画有绿色圆圈的纸问:"杨澜,请你当着大家的面,说说我手里拿的这是什么。"

杨澜回答:"这不是一张画吗?哦,我知道啦,您这个画画的是一个西瓜,可是也太简单了。"

赵忠祥说:"哦,不对,你再猜猜。"

杨澜说:"啊,不是西瓜啊,那是小一号西瓜?要不就是绿皮香瓜。"

赵忠祥说:"为什么要想得那么复杂呢?"

杨澜说:"哦,我知道了,这就是一个绿圆圈。"

赵忠祥说:"不能算正确。"

杨澜说:"那我可猜不出来了,您还是告诉大家吧。"

赵忠祥说:"我手里拿的是一张画有绿圈的纸。"

台下观众笑了,台上杨澜也笑了。

幽默由4个环节组成:悬念——渲染——反转——突变。有时可以隐含或省略一些环节,但这4个环节却是客观存在的。例子中,赵忠祥显然是有意创造幽默,他首先出示"画了绿色圆圈的纸",这是悬念的制造;然后不断地"卖关子"渲染,以引起大家的关注和期待;而"为什么要想得那么复杂"则是反转,是引而不发的心理迁移;最后,当杨澜泄气的时候,赵忠祥揭示让人意想不到的谜底,便是突变。

所以,幽默的特点就是,不动声色地制造出悬念,并引而不发地加以渲染,最后再轻描淡写地反转、突变。其最忌讳的是"幽默预告"。假如赵忠祥先对观众说:"现在我向杨澜提一个幽默问题。"这么一说,"幽默"必然会荡然无存。

20世纪初,有个美国的香烟商人到法国做生意。这天,在巴黎的某个集市上,他大谈吸烟的好处。突然,从人群中走出一个老人,径直走到台前。那位商人吃了一惊。

在台上站定后,老人大声说道:"女士们,先生们,关于吸烟的好处,除了这位先生讲的以外,还有三个好处哩!"美国商人一听这话,赶紧向老人道谢:"谢谢您了。先生,看您相貌不凡,必然是位学识渊博的人,请您把抽烟的三大好处当众讲讲吧!"

老人微微一笑,说道:"其一,狗害怕抽烟的人,看见就逃。(台下一片轰动,商人暗自高兴。)其二,小偷不敢去偷抽烟者的东西。(台下连连称奇,商人越发高兴。)其三,抽烟者永远不老。(台下已惊作一团,商人更加喜不自禁。)"话音刚落,听众便纷纷要求解释。

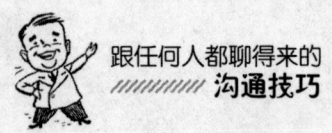

老人把手一握,说:"请安静,我这就解释。"商人也很激动地说:"老先生,请您快讲。""第一,抽烟的人多驼背,狗一见到他以为是在弯腰捡石头打它哩,怎能不害怕?(台下笑声一片,商人吓了一跳。)第二,抽烟的人夜里常咳嗽,小偷害怕他没睡着,所以不敢去偷。(台下一阵大笑,商人直冒冷汗。)第三,抽烟人很少长寿,根本没有机会衰老。"台下哄堂大笑,烟草商人趁机溜走了。

这位老人讲话一波三折、层层推进,逐步把听众的思维引向迷惑不解的境地,等将听众的胃口吊得足够"馋"时,才不慌不忙地抖出包袱,表明自己的本意。

按惯常思维来说,吸烟是应该遭到反对的,因为大家都知道吸烟的危害,当老人默不作声地走向大谈吸烟好处的商人时,大家都觉得老人要提出反对意见,而他却也大谈抽烟的好处。商人跟听众一样大惑不解,因而急切地想了解原因。最后,老人以幽默的话语给出了妙趣横生的解释。既让听众心情愉悦,又让听众免于被商人的欺骗性话语迷惑,意识到吸烟的危害性。其实,老人所说的三条好处正是吸烟的三大危害。

幽默不能急于求成,假如迫不及待地将妙语趣事说出来,或是太早让人知道有趣的谜底,急于引人发笑,那就会显得操之过急。此时,由于铺垫不够,火候不到,幽默也必然会变得索然无味。所以,一定要娓娓道来,不徐不疾,让听众对结果有错误的预期,且有一个缓冲思考的时间,然后再一语道破"天机"。但也不能太慢,否则会使听众忘了自己所期待与预期的是什么了。

沟通需要赞美,幽默是最好的"润滑剂"

假如说赞美就像是春季的天空,那么适当的幽默就如同空中飘飞的风筝,添了几分生机;假如说赞美像清澈的泉水,那么适当的幽默就如同在水中嬉戏的游鱼,添了几分灵动;假如说赞美是一份真诚的礼物,那么适当的幽默就如同外包装上美丽的蝴蝶结,恰如其分地表达着美丽与温馨。

作曲家海顿有一位法国作家朋友,这位作家曾这样赞美他早期的弦乐四重奏。

第一小提琴像一位健谈的中年人,不断找话题来维持谈话。

第二小提琴则是第一小提琴的朋友,他总在强调第一小提琴话中的机智,却很少表白自己;就像参加谈话时,他只支持别人的意见,而从不提出自己的意见。

而大提琴却是一位庄重的老者,很有学问却爱讲道理,他的论断简单却中肯,总在支持第一小提琴的意见。

说起中提琴,就是一位善良却有些饶舌的妇人,她讲不出什么重要意见,却经常与人拌嘴。

身为作家,当然他的语言表达能力是普通人难以企及的,这位作家并没有直接夸弦乐四重奏怎么好听、怎么优美,而是幽默地把四重奏拟为四个人的谈话,生动形象,不仅使人明白了四重奏的特点,而且用文学化的语言称赞了海顿的音乐水平。这样的赞美就像赠送礼物时美丽的包装,并没有实际意义,却能让受礼者更加开心。

愿意听到别人赞美自己是人的天性。一个人若受到赞美,就会由衷地感

到高兴并对赞美者产生好感。所以真诚的赞美可以缓和并增进双方的关系，拉近彼此的距离。然而，要想把赞美运用得得心应手，还应学会一些技巧，从而让自己的言辞更能让人接受。

拿破仑很反感别人跟他说奉承话，有一位士兵却聪明地说出了自己的"奉承"话，并且让拿破仑开心地接受。士兵是这样说的："将军，您居功至伟却最不喜欢奉承话，您真是值得我们学习的人。"拿破仑听了感到很高兴，而没感到这是奉承。

这个士兵之所以能够成功赞美拿破仑，原因就是他很熟悉拿破仑的脾气秉性，深知其讨厌奉承话。士兵紧紧抓住了拿破仑的不喜奉承这一优点来赞美，自然就让对方高兴地接受了。

谁都喜欢被赞美和夸奖。赞美就像微风雨露，能够在乍暖还寒时催开真诚的花朵。如果在赞美时能适当添加幽默元素，会令对方在接受自己的夸奖和赞美时，还能感受到温暖和真诚，会给人生增添一丝甘甜。

幽默还能帮人们排忧解难。任何人在现实生活中都会经历各种坎坷、磨难或者尴尬。假如人们面对这些不顺时，能报以幽默潇洒的态度，就能不断地积累经验教训并坚守自信，逐步迈向成功的目标。反之，如果沉沦于失败中，则有可能逐渐失去一切。

生活中，人们常常感到困难无处不在，会在出其不意时撞上，让人不堪其扰。它就像是在与人玩捉迷藏，大家总会尽力躲避它，却不知什么时候就会被它找到。如果一个人在不经意间遭遇挫折时太过焦虑或痛苦，只会让自己的处境更为尴尬。相反，假如一个人能镇定地思考与分析，并采用幽默的方法去面对当时的形势，则有可能会获得意想不到的结果。

但丁有一次在参加教堂礼拜时，由于陷入沉思之中，竟然在举起圣餐时没有跪下，几个对他怀有敌意的人看到了这个小小错误，便立刻去跟主教告状，污蔑但丁有意亵渎神圣，要求对他进行严惩。当时正处在中世纪，宗教占据无上的统治地位，这个罪名不是小事，因此主教很重视此事。

于是但丁被带去见主教，知道了一切指控以后，但丁为自己辩解说："主教大人，我认为他们这是诬蔑。那些指控我的人假如像我一样，把眼睛与心灵都朝向上帝，那么他们就不可能东张西望了。可见在整个仪式中，这些人并不专心。"主教听完后笑了，他认为但丁说得很对，非但没有对但丁采取惩罚措施，还夸奖了但丁一番。

但丁巧妙运用了幽默，不但争得主教的欢心，并且借势打击敌人，从而摆脱困境。

说到赞美，幽默的赞美还需要注意一点，就是一定要找准切入点，否则不仅很难让对方开心，还会让人家把你当成虚伪、爱奉承之人。

《调谑编》记载了一件关于苏东坡的趣事：

北宋诗人郭祥正有一次途经杭州，把自己写的一首诗拿去给苏轼鉴赏。可能是对诗作太过得意，郭祥正不等苏轼细看，就声情并茂地吟咏起来，直读得感情四溢，声闻左右。

读完诗后，郭祥正问苏轼："请问，这诗能评几分？"

苏轼不假思索地说："十分。"

郭祥正有点不敢相信，疑惑地问："苏老师，你不要客气，我这诗真的能得十分？"

苏轼点点头说："你刚才吟诗，七分来自读，三分来自诗，不是十分又是几分？"

从苏轼的评语来分析，郭祥正的诗恐怕并不是很好。但是，郭祥正能如此热衷于写诗，并全心投入地加以朗读，让苏轼也不想泼他的冷水，反而想

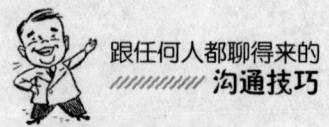

适当地赞美他一下，以示鼓励。这种赞美自然不能太夸大其词，让郭祥正自己搞不清状况，所以苏轼给他打了个十分，但又告诉他这十分读占七分、诗占三分，使得这赞美有了一种再接再厉的鼓励意味。

生活中，假如你不得不说一些赞美话，千万不要咬紧牙关说谎，也没必要把对方吹得天花乱坠。倒不如向苏轼学学，小小地赞美一下，更多地给予鼓励，这比乱扣"高帽"式的赞美要受用得多。

当然，夸奖别人也不能无所顾忌，我们应该本着一颗真诚之心去夸奖别人，不要让别人觉得你言不由衷。另外，我们夸奖的内容应该是对方所在意的，就像那位士兵称赞拿破仑不喜欢被奉承一样，必须把话说到对方的心坎里。比如，见到中年女性，我们可以称赞她们身材苗条、婀娜多姿；遇到老年人，我们就要称赞他们身体硬朗、精神矍铄，等等。最后，赞美一定不要太生硬，要加入适当的幽默作为润滑剂。

第四章　处处想着对方，对方才会慢慢地靠近我们

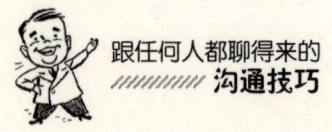

大的努力搞好人际关系。

第二天他去上班的时候，就提前到了办公室并开始打扫卫生，虽然这并不属于他的工作范围，但这至少可以让办公室的人注意到他，他只想尽力做得更好些。这一天经理上班之后，他主动带着自己的方案来找经理讨论，其实他并没有太在乎这个方案是否能被采用，而是想让经理知道他有能力做好工作。事实上，经理对他的方案很感兴趣，而经理也在纳闷，怎么这么长时间了，他都没注意到这个人才呢。于是，经理决定重点培养他。在接下来的几天里，他不光得到了经理的认可，还得到了同事们的好评。

试用期过后，魏云顺利地留在了公司，并且在三个月后被提升为经理助理。当初，如果他没有听朋友的一番话，主动去和上级搞好关系，并抓住上级这层关系的话，他很可能就需要重新去找工作了。

魏云最终成功地保住了自己的工作，并且很快得到了晋升，这说明他很好地抓住了上级的心。天下没有不爱才的上级，他也需要一个得力的干将来为自己出谋划策，并且还能认真地工作。当然，在努力得到上级的青睐时，绝不能去走阿谀奉承的路。

其实，不只是在工作上要从上级和同事的角度考虑问题，在日常生活当中，即使是结交一个普通朋友，也要从对方的角度来考虑问题。比如，你初次结交一个朋友，对方可能一开始对你并不信任，而只要你肯从对方的角度考虑问题，你就应该知道自己该如何来赢得对方的信任。大家都知道，只有舍身处地地为对方着想，对方才能真正把你当做自己人生中的益友。

在商场上，要想赢得一个客户，就更要想他之所想，弄清楚他真正想要的是什么。若是需要服务，我们就给予其最好的服务；若是想要低廉的价格，我们就拿出最大的诚意来表示自己的合作意向。只有在了解了对方的想法之后，我们才能做出更好的回应。要想做成生意，就要尽量从对方的角度出发，让对方体会到我们为其考虑的苦心和诚意，那么即便仍有些不尽如人意的地方，他们也会因为我们的真诚态度与我们达成最终的协议。

总之，想要打到猎物，就要学会站在猎物的立场上思考，能从对方的角度考虑问题，就能更好地满足对方的要求，从而达到我们的目的。

沟通不止靠嘴，更要靠心

人生漫长而又短暂，会面临无数次利益抉择。正所谓"公道自在人心"，人心都是肉长的，心与心是可以交换的。

只要真心付出肯定就会收获他人真诚的回报。一个不能理解人心的人，永远难以领悟人生的真谛。只有理解人心，才能获得人心，最终得到世界。

某个人有妻子，有儿子，他跟他的父亲同住在一个屋檐下。他的父亲年纪非常大，手脚都不灵活，吃饭的时候，总是会把桌子弄得非常狼藉，令他的妻子看不顺眼。于是，他就特意为他的老父亲做了一个简易的木桌。当一家人吃饭的时候，老父亲就在客厅的一个角落里，也就是他为他父亲特设的一个桌子上，独自在那里吃自己的饭菜，好让夫妻二人眼不见，心不烦，这样过了一段时间倒也相安无事。

有一天，他经过儿子门口的时候，听到里面传来一阵乒乓声音，于是他推门进去，看到他的儿子在做着一个奇怪的东西。他不知道这是什么，于是他就问他的儿子："儿子，你在做什么？"他的儿子说："你为爷爷做了一个桌椅，让他独自在一角吃饭，我想我也应该开始学习做

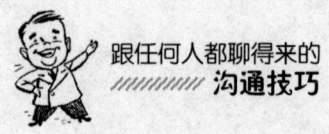

桌椅，不然你老了，我就没有桌椅给你独自吃饭了。但我总是做不好，爸爸你来教我吧。"

听了儿子的这番话，他的内心顿时觉得很愧疚，泪水也在眼眶中不停地打转。为过去，他觉得难过；为将来，他感到恐惧。

因此可见，每个人都是别人的镜子，一个人的行为直接反衬到别人身上。我们必须明白，如果我们不懂得爱别人，如果我们不懂得感情，我们会变成什么样子呢？一个人拥有了爱，即使生命是一场空，也空得很充实；一个人拥有了情，纵然人生是白忙一场，也会很快乐。面对尘世，最要紧的就是不要泯灭一份爱心，一份真情。

有一句话说得好："人如果靠吃饭活着，那饭不叫饭，叫饲料。"人心平等，是一种境界，一种修养，一种美德，一种智慧，一种人格力量，更是人与人之间一种最珍贵、最美好的感情。

有一个女孩出嫁之后，跟丈夫和婆婆住在一起。很快，婆媳不和。她们的性格有天壤之别，她经常被婆婆的一些习惯搞得很生气。不仅如此，婆婆还不断地对她提出一些很苛刻的要求。日子一天一天地过去了，她和婆婆没有一天不吵闹和争斗的。后来，她再也受不了婆婆的坏脾气，决定不能再这样忍声吞气下去了。

于是，她去找父亲的一位朋友，卖中药的郎中。她将自己的处境告诉了他，并问他是否可以给她一些毒药，这样她就能一了百了，把所有的问题都解决掉。郎中想了一会儿，最后说："我可以帮你解决问题，但你必须听我的话，按照我讲的去做。"她说："好的，我会遵照你说的每个字去做。"

郎中进了里屋，几分钟过后从里面出来，拿着一包草药。他告诉她："你不能用见效快的毒药除掉你婆婆，因为那样会让人怀疑到你。因此，我给你的几种中药是慢性的，毒性将会在你婆婆体内慢慢渗透。你最好天天都要给她做些鸡鱼肉类，再放少量的毒药在她的菜里面。还有，为了不至于让别人在她死的时候怀疑到你，你必须对她恭恭敬敬、如履薄冰。不要同她争吵，对她言听计从，对待她像对待一个王后。"她答应下来并谢过郎中，急急赶回家，开始实施谋杀婆婆的计划。

几个星期过去了，几个月过去了，每一天，她都精心制作有毒药的饭菜伺候婆婆。日子一天天过去，她没有跟婆婆发生过一次争执。婆婆对她的态度也改变了许多，不住地向邻里街坊和亲戚朋友夸她，说她是天底下最好的儿媳妇。

一天，她又去见郎中，再次寻求他的帮助。她说："天哪，请帮助我制止那些毒药的毒性，别让它们杀死我的婆婆！她已经变成一个好人了，我爱她像自己的母亲一样。我不想让她因为我下的毒药而死。"郎中笑到："放心好了，我从来没有给过你什么毒药，我给你的药只不过是些滋补身体的草药，那只会增进她的健康。如果非要说有'毒药'，那也早已被你给她的爱冲刷得无影无踪了。"

怎么对待别人，别人就会怎样对待你。真心待人，还是一错再错，全在于我们的内心。当我们换一种方式处理时，得到的一定是不同的结局。将欲取之，必先予之。只有这样，我们才会为自己获取一份最大的回报。不图回报地给予人真心，不仅仅是高尚之举，也会是一种长期的感情投资，更是一笔无形的资产。

争辩，赢了观点却会输了朋友

如果我们想和别人有一个良好的关系，就要时刻注意自己说话的语气；如果我们想和对方交朋友，就不要总是和对方在一些小事上争论不休。其实，每个人都有自己的观点，不可能让每个人都和我们想的一样，因此应该时刻抱着宽大的心，让自己可以接受更多的、不同的意见。

每个人的生活背景不同，生活经历不同，因此每个人的思想也不一样。当我们想和别人交朋友时，就要先意识到这一点，知道每个人的想法必然有不同，这样就不会为彼此想法不同而懊恼了。有些人比较低调，他们不喜欢与人争执，即便大家的思想不一样，他们也可以各过各的，互不影响；但是，有些人却爱认死理儿，而且比较高调，总想和对方争个高下，而事实上这种争执对他们来说并没有任何意义。

如果我们和朋友为一个并非涉及原则性的问题来争一个高下，那么自己最终能得到的是什么？不过是朋友之间伤了和气罢了。也许是为了逞一时之快，但是即便我们在争辩上赢了，可是在人际关系上却输了，聪明的人从来不会为这些小事或是为了显示自己懂得更多来和朋友争辩。我们要问问自己，是逞口舌之快重要呢，还是拥有一个朋友重要？如果为了争辩而失去了朋友，那绝对是不划算的。

王平在学校的时候成绩就一直名列前茅，而且不只成绩优秀，他还是班里和学生会的干部。平时，很多事情都是由他来拿主意，因此他一直觉得自己很优秀，但自从出了校门，这种状况就改变了。他现今只是一个公司的普通员工，原来在学校里的那种光环不见了，但他依然心高气傲，不管做什么都不服管，总觉得自己总有一番道理。作为一个职场新人，王平吃了不少苦头。

一次，他和办公室里的一位前辈因为一个程序处理问题吵了起来。他觉得自己编写的程序是对的，而那位前辈只是认为他写的程序稍微烦琐了些，其实有更简易的写法，因为程序写得越烦琐，以后出故障的可能性就越大。但是，王平却觉得那位前辈是在故意刁难他，因为他的程序本来没有错，就算是写得复杂了点，同样可以达到效果，干吗非要拿这件事让他当众出丑呢？于是，王平自以为是地据理力争，不管怎么说，他就想让自己的成果得以应用。可事实上，他和那位前辈争吵之后，由总经理出面，他的程序还是要改，因为这关系的不是他个人的利益，而是整个公司的利益。其实，王平心里也明白，程序修改一下会更好，但他只是为了自己的面子就不管不顾了。自此以后，总经理对他有了偏见，办公室里其他人和他也都比较疏远了。他不仅没有争辩过那位前辈，还赔上了自己技术不过硬的坏形象，这就叫"一步走错，满盘皆输"。

王平开始反思自己：尽管自己在学校的时候是个风云人物，但是那只是在学校而已，与真实的社会相比，那就像一个过家家的游戏。他开始明白，在职场中，想要获得好人缘，那就要时刻保持谦虚谨慎的态度，与人交往的时候不要老想着一争高下，适当的时候多恭维一下别人也是必要的，毕竟自己还是新人。他想到这里，就知道自己应该怎么做了，于是他开始尽量去改变自己的这种境况。在一次午休的时候，他当着大家的面给那位前辈道歉，并希望大家都能接受他这个刚入社会不久的新人的歉意，之后邀请大家一起去吃自助餐，算是为那天的事赔罪。

在王平的邀请下,大家都欣然地接受了他的好意,后来他在办公室里和大家的关系也渐渐好了起来。

从王平的故事里可以看出,一个人如果喜欢与人争执,可能就会被认为是一个不易相处的人。那么,当我们想要再与别人建立联系时,就会比较困难了。

大家要记住,遇到什么事情都不要急着与人争辩,先考虑一下是否是自己的原因。如果真是自己错了,那么就应该听取别人的建议。如果这个时候还要和别人争辩的话,那就是无理取闹了。事实上,如果与他人争辩,即便是真理掌握在我们的手上,我们也该语气平和、娓娓道来,而趾高气扬地和人争辩,就算我们说服了别人,别人在面子上也过不去,之后对我们也将心存芥蒂。当然,如果在迫不得已的情况下,我们也要选择合适的时机,采取合适的方式,来向对方解释和阐述自己的理由。

总之,争辩不会为我们带来朋友,相反,我们可能会因此而失去更多的朋友。

给对方留一个台阶,等于给自己留一扇窗

人生不会永远一帆风顺,谁都有时运不济的时候,不论何时都要给自己留一条后路,凡事不能做绝。得意时,不要把别人逼进死角,要给对方台阶下。这不仅是给对方机会,也等于是为自己留了扇窗户。

"三十年河东,三十年河西",如果当初给他人留了后路,落魄时对方也会对你伸出援手。如果之前太过盛气凌人,别人只会给你一脚,落井下石。

刘静大学毕业后，和她的一同学王艳进了同一家服装公司。因为是好友，所以，俩人都很和睦。但后来，刘静就和王艳发牢骚，而牢骚的主要原因是两个人已开始暗地里较劲，都想早日评为优秀员工，好升职加薪。

有一次，刘静整理的数据出了问题，领导在办公室里狠狠批评了她："你来公司这么久了，怎么都不长心啊？这么简单的事你也出错，真是让我太失望了。"

这时候，王艳正好也来交东西，看到这一幕不但不给刘静台阶下，还趁机添油加醋地讽刺："我们是同一天来公司的，算算日子也不短了。"王艳的讽刺之意非常明显，刘静心里很生气。

领导又批评了刘静几句才让她出去重做。

"你刚才在办公室为什么添油加醋地给我难堪？再怎么说我们也是校友啊。"刘静拦住王艳质问她。

"我哪有啊？"王艳还不承认。

"你还不承认！以后你别有事求到我！"刘静一时生气，开始发火。

"求你？哼，我才不会出错，咱们今天就一刀两断，以后走着瞧。"王艳把事做绝了，没有考虑这样做的后果。

三个月之后，刘静被评为优秀员工，提了组长，成为了王艳的上级。刘静对王艳并没有什么报复，毕竟俩人是同学，但两人见面时，还是会尴尬，最后没办法，王艳还是辞职，重新找工作了。

俗话说："饭可以多吃，话不可以多说，事不可以做绝。"这是为人处世的重要原则，也是中庸之道的重要体现。不给别人带来压力，同时给自

己留一条后路，何乐而不为呢？王艳最后只能辞职走人，就是因为当初事情做得太过，不懂得适可而止，丝毫不给自己和别人留余地，最后只能自食苦果了。

每个人的生活都会有起伏，甚至会是一种轮回，一时得意，也总会有失意来临；一时猖狂，也会有落魄来品尝。如果不懂得给别人留余地，不懂得适可而止，甚至借机落井下石，之后必然会受到打击。说话做事适可而止、留有余地，才是保护自己的最好方法。

我们周围总有这样的人，年轻气盛，做事冲动，凭借一时之气，总喜欢把话说绝，把事做绝，最终把自己逼入窘境。把事做得太绝，就好比杯子里装满了水，继续加水之后只会溢出，很难再满。

说话做事是需要智慧和胸怀的，有些事我们再有把握，也不能万分肯定，更不能把话说绝，丝毫不给人留质疑的余地。这么做不但会引起他人的反感，还可能给自己带来后患。

懂得给自己留条后路，我们的世界将变得更平稳、更宽广。这就好比是在打仗的时候，给自己选择了有利的地理位置，可退可守，把自己放在了最安全的位置上。这样我们就将永远立于不败之地。

相反，不懂适可而止就等于把自己逼进了死角，没有危险还好，一旦发生意外，必然会退无可退，只能受伤。所以，聪明的人不管在什么时候，都会给自己、给别人留余地，既给了别人面子，又给自己留了后路，何乐而不为呢？

生活中说大话的人很常见，做事很绝的人也很多，这些人通常都不受人喜欢。如果仔细观察，就会发现那些聪明人常常会为自己留有余地。

要想给自己留后路，就必须从各方面严格要求自己，首先，要学会说话，话不说绝、适可而止。不论因为什么，都不要把对方逼入死角。

没能力做好的事，不要随口应承；有把握做好的，也要含蓄地说，留下空间。如果别人遭遇尴尬，或一时非常失意，我们不要嘲笑，拿出自己的宽容大度，为他人开一扇门，对方必将无比感激。

王琳大学毕业后，找了份很不错的工作，待遇丰厚，活儿也不累，还有大把的休息时间。

但她有些小虚荣，特别喜欢在别人面前显摆自己，炫耀自己有钱，彰显自己有追求、有品位。

每次见到朋友，她都会说："我的梦想就是环游世界，见识形形色色的人和事，那时，我就再也不是平庸的井底之蛙了。"

起初，大家都以为她说的是真的，都称赞她是浪漫主义者。

但是很久之后，她还是逢人就说自己要环游世界的梦想。渐渐地，大家都开始反感。

有一次聚会，一个朋友忍不住嘲讽她："你不是说一定要去环游世界吗？那你去过多少国内的旅游景点呢？"

王琳尴尬地说："几乎都没去过。"大家忍不住嘲笑她。

当时一个朋友赶紧出来打圆场说："计划往往赶不上变化，王琳的计划肯定会慢慢实现的。"

那个朋友的及时救场，让王琳感激不已，从那之后，王琳时不时的就送些礼物给那个朋友，在那朋友需要帮助的时候，王琳总是伸出援手。

每个人都有陷入尴尬、遇到困难，需要及时救场的时候，这时如果我们能为他人铺就一条出路，就等于给自己留个后路，以后也好办事。

在跟他人交往时，要懂得为别人考虑，得饶人处且饶人，不要把对方逼迫到无路可走。对他人仁慈一些，就是给自己留个机会。

还有,我们要端正自己的态度,不要拜高踩低,不要戴着有色眼镜看人。有些人比较势利,看着他人落魄就冷眼相待,甚至认为对落难者的投资是无用的。因此,面对请求能躲就躲,不愿意伸出援手。这么做是不对的,在关键时刻要帮助他人,谁都有机遇不好的时候,现在落魄不等于永远不济,之后说不定还大有作为。

再者,我们还要有多在冷庙烧香的见识。平时有意识地多帮助时运不济的人,等他们有朝一日飞黄腾达之后,通常都会涌泉相报,这么做,也等于为自己留了后路。

做事留有余地是一种豁达睿智,是宰相肚里能撑船的表现,可以感动人心,得到别人的支持。要想在交际道路上走得更远,给自己留条后路是最好的方式,一旦发生不利的事,还会有回旋的余地,不致太孤立无援。

沟通时,不要碰触他人的"污点"

每个人都会有或多或少的污点,毕竟人无完人。但在交际中,我们绝不能只盯着他人的污点看,甚至对其不屑一顾。这是无礼的表现,不仅会伤害他人,树立不必要的敌人,还会影响自己在大众跟前的形象。

沟通其实也是是一门学问,如果总是轻易对有污点的人失礼,盲目地自我感觉良好,就容易处在危险之中。久而久之,自己也会失去人心。

我朋友张冰是高级俱乐部的会员,俱乐部每个月都会举行社交宴会,每次都会来很多名人,是拓展人脉的绝好场所。所以,在这里,大家都会尽情展示自己的交际之术,以此来获得别人的关注。

张冰性格比较冷傲清高，她来这里的目的就是寻找完美的合作人。在交谈之中，她从别人口中听到了科技大亨Mr张的"丑闻"。

据说Mr张离过三次婚，最近的一次是上个礼拜之前。他的"小媳妇"偷了他很多钱，最后跟别人跑了。

张冰一听就对他满脸不屑，她认为这么花心滥情的人简直就是可耻的。

"Hi，你们好，我是Mr张，很高兴认识你们。"话说没多久，Mr张就过来打招呼。其他人都很热情地给予了回应。

"哼。"张冰满脸不屑，她理都不理Mr张，径直走开，跟其他人打招呼去了。Mr张非常尴尬，他深深地记住了张冰。

有好几个朋友，都提醒张冰，不要太过情绪化，不能对别人无礼，哪怕是有污点的人，他也会有了不起的一面，说不定还能成为合作者。张冰年轻气盛，对大家的劝告不屑一顾。

这世界真小，后来有一次张冰跟着同事去会见客户，结果正巧碰到了Mr张，他什么也没说，只是含笑看着张冰。

这时，张冰都懊悔死了，她真后悔当初让Mr张下不了台，现在对方肯定不会跟她合作了。事实上，Mr张是非常理智的科技大亨，他没有太为难张冰，但合作期间也只跟张冰的同事详谈。此刻，张冰才真正意识到当初的失礼是多么不应该的事。

从那之后，她再也没犯过类似的错误，她时刻铭记，他人的污点绝不应成为自己失礼的理由。

所有人都有缺点，甚至是污点，如果只盯着他人的污点看，必然会变得心胸狭隘，斤斤计较，失去更多朋友而变得更加孤独。

有人说过，与他人相处时，如果只盯着对方的缺点，一天也无法跟他继

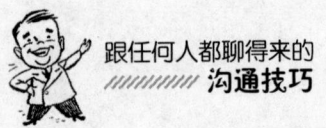

续交往下去；如果在看到缺点的同时还能看到优点，那么做一辈子的朋友也没问题。在交际时，太过苛刻，眼光太过挑剔，很容易成为众矢之的。

也许我们认为轻视别人没关系，但他人会记住我们的失礼，以致记恨、反感，不利于人际关系的建立。

很多人在交际中，都会犯这样的错误，喜欢拿别人的污点进行打趣。也许，开玩笑的人只是随口一说，但被说的人心里肯定会很不高兴。如果没有眼力，通常得罪了人还不自知。总之，在交际中一定不要随便看不起人，不要看到有污点的人就侧目，我们的一时失礼，会为以后的人际关系埋下祸患。所以，要时常约束自己，不要做失礼的事。

"打人不打脸，揭人不揭短。"当面对有污点的人时，一定要避开提及其污点的话题，如此才能避免失礼，不致引起对方不悦。当有人说及某人的污点时，我们也不要太当真，要根据自己的是非观念来判断，更不能听完之后就大肆宣扬，表达对当事人的不满。

拿别人缺点说事的人，不仅会得罪当事人，旁人也会认为他无知，反而损害自己的形象。当听到闲话时，我们还要及时制止，体现我们的理性和睿智。

李亮是个朝九晚五的上班族，他最爱在下班的时候买水果。一天，楼下来了个卖水果的新摊，他决定去买一些。

结果，他挑完水果之后才发现自己的钱包不见了，他找了很久也没找到。当时，真是尴尬极了。

"你是李亮吧？"卖水果的男子居然认出了他。

"对，对，我是。"李亮连声承认，但却不认识摊贩。

"我是小杜啊，之前在你们公司上过班，你不记得了？"

说到这里，李亮才有了印象。当时，小杜娶了一个长相难看的妻子,大家没事都笑话他,只有李亮一直很尊重他,肯定他的工作能力。

"这些水果你拿着吃吧。"小杜非常热情,让李亮感动不已。

虽然是件小事,但不难看出,多肯定他人的优点,少说缺点是赢得大家喜爱的好办法。

如果在谈话时,非要提及他人的污点,这时就要掌握正确的方法。语言要含蓄,说法要委婉,最好一带而过。如果说话太过直接,很容易伤害对方的自尊,将矛盾激化。

每个人都有缺点,如果我们能客观真诚地看待评价,相信他人也不会说什么,但万不可出言不逊,幸灾乐祸,如此失礼,后果会很严重。

交际是个彼此照应的过程,如果我们能面对他人的污点不失礼,来日自己犯错时,对方也能保全我们的尊严,以礼相待。这个简单的道理,想必很多人都知道,但往往因为感情偏见,而用有色眼镜看待别人。其结果也无非是逞一时之快,害人害己。

在跟别人沟通时,要客观看待他人,讲究正确的交谈策略,不主动提及他人的污点,不碰他人的伤疤,用温和的态度以礼相待,就会发现,我们的世界会宽阔许多。

1. 不要信口开河

社会中人际关系是非常复杂的,如果不能说出得体的好话,就不要信口开河。有些人就喜欢背后说别人的污点,到处宣扬,甚至当面出言不逊,做出失礼的举动。这是所有悲剧的开始,很多后果往往是不能预料的。

2. 不要说失礼的话

跟人交际时,要时刻注意对方的面子,毕竟在交际场合,面子对每个人的意义都是非常重要的,所以最好不要做失礼的事。不要逞一时之快,而在人际关系中落于下风。

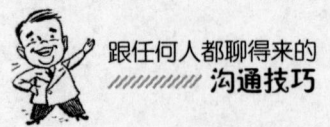

在交际中,为了给他人留下好印象,我们会刻意注意很多问题。如果对有污点的人失礼,给他人留下不懂事的坏印象,于己于人都是有害无利的。

3. 多肯定对方

在跟人相处时,要多肯定他人的优点,每个人都有想得到肯定的心理。每个人都有污点,也会有优点,多肯定他人的优点才能跟大家友好相处。当别人都在拿他人的污点说事时,如果我们能肯定他的优点,必然会得到感激,他日获取帮助时也会容易许多。

学会打圆场,每个人都会感激你

在复杂的人际交往中,察言观色不单是每个人的必修课,人们还要学会打圆场。在需要"圆"的时候圆通一些,这样才能在复杂的人际交往中有立足的根本。我们该如何理解打圆场?打圆场大致是这样一个概念:调解纠纷,化解矛盾,避免尴尬,打破僵局。

"打圆场"是以特定的言语去缓和紧张气氛、调节人际关系的一种善意出发点的语言行为。"打圆场"也要讲究技巧,通过下面这个事例,你会从中有所启发:

在结束对美国的访问后,戈尔巴乔夫夫妇被邀请赴白宫出席里根总统举办的送别宴会。途经一个闹市时,戈尔巴乔夫突然做了一个决定,下车向行人握手问好。保安人员怕他有危险急忙冲下车,围上前去,为怕行人口袋里有武器,便喝令站在戈尔巴乔夫身边的美国人把手从口袋里抽出来，让行人一时不知所措。这时，还是戈尔巴乔夫的夫人比较有经验，立即向周围的美国人解释说，安保人员意思让你们把手拿出来和总统握手。顿时，气氛缓和了好多，人们亲切地同戈尔巴乔夫握手致意。正是戈尔巴乔夫的夫人巧妙的打圆场功力，将一场尴尬化解。

研究表明，没有人愿意将自己的隐私曝光，若一旦被曝光，人们会因此感到难堪和愤怒。因此，在生活中，我们应尽量避免涉及到别人的敏感区，避免让对方出丑，如果发生了尴尬，那就要运用恰当的打圆场手段去化解，圆场只须点到即止。

清末某知县陈树屏在张之洞与抚军谭继洵关系不和的关系中就能左右逢源，巧妙将二人矛盾化解，两头不得罪。某日，陈树屏在黄鹤楼宴请张、谭二人及其他官员。座客里有人谈到江面宽窄问题。谭继洵和张之洞因为五里三分和七里三分的问题争得面红耳赤，宴席上的气氛顿时紧张起来。陈树屏知道他二人是借机发泄对彼此的不满，为了不让气氛变得更为尴尬，他灵机一动，谦虚地向张、谭二人解释道："江面水涨就宽到七里三分，而落潮时便是五里三分。二位大人所言非虚，都是言之有理，为何还要争呢？"张、谭二人听了陈树屏的话也明白有打圆场之意，二人顺着台阶给了陈树屏这个面子。最后，二人拍掌大笑，这件事也就不了了之了。

我们在生活中离不开打圆场这种行为，从客观而言，别人出丑时你去打圆场，别人会因为你的解围而感激你。从主观方面而言，自己若陷入尴尬时，给自己打圆场不仅能给自己自圆其说，还能让自己摆脱尴尬的境地。

打圆场的目的就是为了息事宁人，让双方都对处理结果满意，当然要提

前根据情况做好分析。不管是哪个行业的人都要学会察言观色,学会"和稀泥",懂得"打圆场",无疑让你在这个社会上多了立足的根本,让你比别人多了一些优势。

日常生活中,经常会遇到同事之间、朋友之间,因意见不同而造成尴尬的气氛,这种情况该怎么打圆场呢?其实人有长短,面无厚薄。人人都有自尊,人人都要面子。有涵养的人自然懂得给别人留面子,把大事化小小事化了。即使发生了尴尬,他们也知道怎样把"圆场"打好。

"打圆场"不是阿谀奉承,它是一种从善意角度出发的语言艺术。将这种语言形式的尺度把握得当,能让我们化解更多的尴尬,摆脱更多不利的境地。

谦和有度,让对方觉得我们可深交

为人处世,我们要谦和有度,只有这样,才能让对方感觉到我们谦和的态度,才会让对方感觉我们是一个可以深交的人。谦和和自认卑微,这中间仅仅差一个"度"。我们只有掌握好分寸,不过傲,也不过卑,遇事要沉着冷静,有主见的同时不顽固不化,谦虚为人的同时没有低人一等的自卑;坚持自己为人处世的标准,做到不随波逐流。

人们都喜欢在彼此尊重的状态下交往,如果一个人不懂得尊重自己、尊重他人,不仅会丧失自己的人格尊严,而且也会伤害别人,甚至形成人际交往的鸿沟。如此,便很难得到别人的尊重,也很难有所作为。

隋朝末期,天下动乱。苏世长原是江都郡丞王世充的手下,但是后来王世充兵败，苏世长就投靠了高祖李渊，被封为玉山屯监。

有一次，李渊在玄武门见到了苏世长，就问他："你说你是属于喜欢阿谀逢迎的人还是正直不阿的人？"

苏世长回答说："我是特别愚蠢又特别正直的人。"

李渊又问他："你如果像自己所说的那样正直，那为什么还要背叛王世充而归顺于我？"

苏世长回答说："现在洛阳已经平定，天下一统。微臣智穷力短，这样才归顺陛下。如果王世充还在，微臣占据汉南，那么，还是一个非常强大的敌人。"

李渊笑道："名长意短，言行不一。你对郑国放弃忠诚，对我却是背信弃义。"

苏世长回答说："我承认名长意短的确是像陛下所说，但言行不一我却不敢认同。以前，大将窦融率领河西投降汉朝，从而十代封侯；而臣率领山南归顺唐朝，却只得到屯监的职位。"

原来，苏世长是嫌封赐的官职太小。于是，李渊当天便下令，提升苏世长为谏议大夫。

还有一次，苏世长在披香殿陪同李渊喝酒时，发现殿堂修建得奢侈堂皇，苏世长就劝谏说："这殿堂如此富丽堂皇，一定是隋炀帝建造的。"

李渊生气地说："你实在是狡诈，明明知道这殿堂是我造的，为什么反而说是隋炀帝呢？"

苏世长回答说："臣实在不知道，只不过看到这里如此奢华，实在不像受天之命的帝王爱民节用的行为。如果宫殿是陛下建造的，确实不应该。臣过去看过陛下的房屋，能够遮风挡雨就足够了。如今天下一统，陛下理应居安思危，不忘节约。"李渊听后，觉得苏世长的话也有

几分道理，就虚心接受了他的建议。

苏世长是降将，地位比较特殊。在面对李渊提问的时候，他既没有表示出对李渊的过分尊重，也没有表示出过分的谦卑。而是从容自若，淡定如水。正是因为苏世长在这两者之间掌握好了分寸，才得到了李渊的赏识。

我们都喜欢和谦和的人交往，因为这样的人会给我们留下展现自己的空间，正因为此，在这样"度"的基础上，我们才能做到最好。

在同一起跑线上，谦和做事的人，会给自己带来更好的机遇。没有任何一个人会喜欢和趾高气扬的人做朋友，因为这样的人很容易给人一种不平等的感觉，就算他们再有能力，我们也不会喜欢这样的人。我们更喜欢和谦虚的人交往，因为这样的人不张扬，懂得收敛自己。

谦和也要把握好"度"，过度了，就会变成卑微了，这只会让我们处于弱势，让别人看到我们缺点。这样一来，对方就没有心思再和我们成为朋友了。说话谦和，是一种从容大度的展现，只有这样的话语，才能得人心，才能让我们在复杂的社会人际关系中得到更多。

一位女士的女儿，从剑桥大学毕业回国之后，在香港特区一家金融机构任职，每月薪水数万港元。这位女士对于女儿的工作相当自豪，每每与亲朋好友闲聊，必要夸耀女儿的风光。偶然一次女儿发觉了，便极力制止母亲，说总夸自己的女儿，突出自家好，人家会有什么感受，不要因此伤害了亲友的感情。

女儿的话在情在理。她的意思是说在说话的时候，要避免过分突出自己，造成别人心理失衡，产生不快情绪，以致影响了相互间的融洽关系。

已经获得了两届奥斯卡最佳女主角大奖的英格丽·褒曼又因在《东方快车谋杀案》中的精湛演技再次荣获最佳女配角奖。然而在她领奖时，她一再称赞与她角逐最佳女配角奖的弗伦汀娜·克蒂斯，认为获奖的应该是这位落选者，并由衷地说："原谅我，弗伦汀娜，我事先并没有打算获奖。"

成为获奖者的褒曼，没有喋喋不休地表述自己的成就与辉煌，而是对自己的对手给予了高度的肯定，极大地维护了落选对手的面子。那么，无论这位对手是谁，都会对褒曼产生深深的感激之情，会认定她是倾心的朋友。一个人能在获得荣誉的时刻，想到对手的感受，并如此善待竞争对手，如此与对方贴心，实在是一种难能可贵的风度和品质。

谦和而不卑微，只有这样，我们才能在有尊严的基础上打动别人，说服别人。晓之以理，动之以情，表现出谦和的态度，说出谦和的话语，我们才能让对方接受我们。

谦和处世，未尝不是一种练达人生的体现。我们不要去在乎别人的看法，最重要的就是做好自己，学会用自己的谦和，用自己的真诚去说服别人。只有这样，我们才能得人心，才能收获成功。

第五章 职场当中沟通得当,我们就是单位的一块宝

沟通之前，先要学会慎言

身在职场，同事就是我们最好的伙伴和对手。在单位里一定要管住自己的嘴，切记同事不是密友，说出的言论很快就会传遍整个公司。

朱宁是个刚刚进入公司的年轻人，他性格开朗，为人直率，进入公司后和同事们相处得也都不错。由于公司有内部食堂，所以中午大家都聚在一起吃饭，嘻嘻哈哈，特别热闹。朱宁刚进公司，一脑袋的主意和意见，正愁没地儿去说。于是，经常能在中午的餐桌上，听见朱宁慷慨激昂地点评公司的政策、现状、客户，甚至公司许多其他同事的情况。慢慢的，朱宁发现自己的饭桌上越来越冷清了。有的时候，他特意跟别人坐一桌，别人也会只低着头吃饭，吃完就走。而且他还发现，自己跟同事们的关系也慢慢冷淡了下来。

有一次，公司一位快退休的人告诉朱宁："小伙子你人不错，就是话多了点，说实话，你的话有些我不太爱听。我不爱听还没啥关系，要是你的顶头上司或者跟你有利益冲突的同事，那你就得多多小心了。少说点话没关系，千万别多说。"听了这位同事的话，朱宁觉得很困惑，自己真的是错了吗？

的确，相信很多职场新人都有这样的困惑，难道在公司里连话都不能说吗？是的，聪明的公司职员都是不该开口就绝不开口的人，因为他们知道，"乱说话"对于职场人而言是多么致命的硬伤！职场新人切记：不要谈论自己，更不要议论别人。如果你非常喜欢评头论足，这对我们的声誉绝对是有

害无益的,最终我们将会成为大家都不愿意交谈和信任的人。当我们刚加入一个新的团体,或一家新的公司时,新环境里自然会有很多令人耳目一新的事物,但我们首先要学会的不应该是高谈阔论,而应该是潜心、细致地观察和思考。当然,我们所说的少说话不是一句话也不说,该表明自己立场的时候还是要说,不懂得该问的还是要问。

许多刚走出学校的毕业生都有一个相同的毛病,心里一有什么事,总需要找个倾诉对象。还有的人,不分场合,不分时间,见人就说。其实这样也没错,好的东西和别人分享,坏的东西更是不能放在心里,但是不能随便找个人乱说,因为每个人看待问题的态度都是不一样的。说心里话的时候一定要分清场合和对象,该说的再说,不该说的一定不能说。

王平刚参加工作时,想法很单纯,像学生时代那样与朋友无话不说,经常把自己的内心想法告诉给别人。就在他刚工作不久,就因为表现突出成为了部门经理的候选人。可一次无意中和同事们吐露,董事长和他的父亲是好朋友。于是,大家就把所有的注意力放在他和董事长的私人关系上了,而完全忘记了他为公司做过些什么。最后,董事长为了显示"公平",任命了另外一个能力和他差不多的职员为部门经理。所以说,要是他能够把秘密藏在心里,可能他就不会错过这个升职的好机会。大学毕业的年轻人们要记住一点,领导们都喜欢公私分明的员工,敬业的含义不仅是努力工作,更重要的是代表着我们能以大局为重,不把私人的感情带回到工作中。

同事之间很多时候只是一种合作关系,他们不可能把我们当成家人一样去包容,体谅。一般来说,与同事之间保持一种礼貌和互相尊重的关系就足矣。而一些隐私性的东西,除深深地掩埋在心里之外,最好别拿出来"示众"。

每个人都要注意保护隐私的尺度,到底什么时候需要保护隐私呢?我们每个人的信息可分为绝对隐私、非隐私、相对隐私三大类，前两种较好把握。例如，对我们的工作产生影响的背景，人脉都会影响别人对你的看法；与上司，个人的社会关系，重要人物的私交等信息，都是属于绝对隐私。和别人交谈时，最好在说话之前先思考一下，想想这些话对这个人说了以后会不会对自己造成影响。

刚进入职场的毕业生，管住自己的嘴要注意以下几点：

1．得意之时莫张扬

每当自己因工作小有成绩而受到上司表扬或者嘉奖时，不少人就开始在办公室中飘飘然，四下张扬，或者故作神秘地对关系密切的同事细诉。如果消息传开，那同事们一定会妒忌，从而引来不必要的麻烦

2．闲聊的话别深究

在业余时间里，和同事们聚会闲聊是一件很正常的事情，可是很多人就是喜欢在别人面前炫耀。如果一定要追问下去的话，对方马上就会露馅了。这样既扫了大家的兴趣，也会让喜欢炫耀的同事难堪。

3．同事隐私不泄露

既然是隐私，就是不想被别人知道的关于发生在自己身上的事情，要是同事从别人口中得知自己的隐私被我们曝光，肯定会在心里不止千遍地骂我们，并为以前付出的友谊和信任感到后悔。

4．不要搬弄是非

如果我们十分喜欢散播谣言，那我们也不能要求别人一定要倾听。喜欢搬弄是非，会让别人觉得反感和讨厌。

5．牢骚不可随便发

喜欢发牢骚不仅让同事反感，而且如果让领导知道，我们在工作中将遇到很多无形的困难。"言多必失"的教训实在太多，因此时刻要告诫自己，不要试图通过说话给别人留下深刻的印象。说多错多。尤其是存在竞争关系、利益冲突的职场，千万要管好自己的嘴，切记祸从口出。

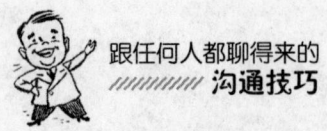

做个好相处的人，赢得同事好感

大学毕业生参加工作之后，首先要做的事情，就是和周围的人搞好关系。人际关系好的人，在职场更受重视。很多的人对于这一点并没有真正地重视，因此一直在就职道路上遇到障碍，也就没什么奇怪了。

小冯参加工作两年多了。在他初入职的时候，他的同学也一起迈入了公司的大门。小冯觉得自己无论从哪个方面来讲，都比自己的同学优秀得多，他对自己将来充满了信心，觉得用不了多久，自己和同学之间一定会出现一条分水岭，自己一定会在工作上取得杰出的成就，而同学则不大有这种可能。

但是他的这种想法却在现实生活中碰了壁，他当初设想的一切好运全部落到了同学身上，他自己却一直处于不温不火的状态——待遇不高但也过得去，职位一直维持在初进公司时的水平。虽然他的成绩有目共睹，领导也曾多次夸奖他是一个能力很强的员工，但是升职却与他无缘。相反，他的同学却一路顺风顺水，不断攀上职业的高峰。

在这种情况下，小冯自然想不通，向主持人大倒苦水。

于是主持人问他："你觉得你输给自己同学的主要原因是什么？"

小冯想了半天说道："我觉得主要是人际关系吧。我同学的人缘特别好，谁都帮着他，护着他。但是大家却不支持我，总是在领导面前告我的状。幸亏我的业务做得好，要不然早就被扫地出门了。"

主持人听了劝告他回去之后要与同事搞好关系，因为这也影响到升职。

小冯却不理解，他认为能力才是工作中最重要的。如果升职的话，他的能力是最强的。领导之所以不器重他，是因为领导偏听偏信的结果。

小冯的看法其实并不正确。我想大家都听说过"得人心者得天下"这句话吧。一个好相处的人，势必会把别人团结在自己周围，平时在工作中也会左右逢源，事半功倍。相反，如果一个人在工作的过程中，总是不能与同事搞好关系，即使能力强，也会感到处处受到牵制，处处有人与我们为难，这样，不仅自己的能力打了折扣，而且会让领导对我们产生不好的印象。这样，要想得到升职，就成了比登天还难的事情。

我觉得一个心态成熟的人，能力强是一个方面，还要有与大家相处的亲和力。我们要用一种真挚诚恳的态度对待别人，这样的沟通才会起到很好的效果。这样，我们就会在遇到困难的时候，得到大家的帮助。大家的帮助对于一位初入职场的新人而言是非常重要的。如果我们的性格不好，让大家避而远之，都讨厌我们，那么即使我们的能力再强，恐怕也会成为公司内不受欢迎的人。

那么如何做一个好相处的人呢？笔者的观点是：一个好相处的人，必定有着积极的生活态度。心态不同，做事的方法也不同，得到的结果更不相同。一个好的生活态度，会有利于同别人的沟通。如果你以这种积极心态对待别人，也会换来同样的回报。

沟通方式也是与别人相处的一项重要的内容。如果你能有效地与别人沟通，那么就会让人觉得你这个人好相处。卡耐基认为："成功与否，与其说在于交流沟通的内容，不如说在于交流沟通的方式。"在日常生活中，要懂得如何与别人有效地沟通。有了良好的沟通，办起事来就会事半功倍。

另外重要的一点就是要学会宽容。在与别人相处的过程中，个性的差异会成为矛盾的导火索。当你与别人之间产生矛盾的时候，宽容的心会让你巧妙地化干戈为玉帛，很快消除误会，重归于好。

大家都喜欢接近宽容的人，这对于我们的工作无疑是非常有帮助的。在

工作的时候，不同的性别、家庭教育、年龄层次、知识层面等，都使我们对人对事的想法和做法千差万别。要想与这些不同的人打好交道，就必须学会宽容，不必纠结在一些芝麻绿豆大的小事上，于人于己都有好处。

在工作的过程中，要做到谦虚。谦虚是一种美德，这种美德对于每个人而言都是不可缺少的。无论我们在哪个公司，无论我们从事什么工作，都必须虚心。大学毕业生初入职场，如果没有一颗谦虚的心，那么就会狂妄自大，看不起别人。过度的自信会让我们难以放低姿态去向别人学习，我们的能力就会在自尊心膨胀的过程中止步不前。

有了这种心态我们是不会取得进步的，自然职业前景也就会变得不容乐观。更有甚者，还会在过度的自信中，变成办公室人们的"公敌"，让大家对我们避而远之。这种人要获得老板的青睐，无异于痴人说梦。因为即使我们能力再强，老板也不可能得罪整个公司的人把我们留下来。

还有就是要学会低调做人，高调做事。谨慎地做人，这样别人就不会对我们有敌意，这也是我们获得别人认可的首要条件。大家会喜欢一个低调的职场新人，而不会去关注一个目中无人、夸夸其谈的新人。如果谁这样做了，那么也许就会碰钉子。而一个低调的人则不会成为大家的眼中钉。低调的人很容易博得别人的好感，让大家感觉我们好接近，容易相处，更乐意与我们在一起工作。这样对于我们工作的提高是非常有帮助的。

如果我们是一个好相处的人，就会在初入职场的时候与同事之间拉近彼此的距离，形成共同的意识，尽快地融入到公司的文化当中。在这种情况下，获得老板的好感也是在情理之中的。做到这些，升职加薪离我们也就不远了。

职场之中懂收敛,别成为众人的靶子

在职场中,注意自己的言谈举止很重要。如果我们的言谈举止触犯到了对方的利益,对方一定会想方设法报复,这样我们就很有可能会成为对方的靶子。

做人做事一定要保持低调,言行中要平和,不过分地张扬个性,就不会导致别人对我们产生敌意,只有这样,才能避免成为别人进攻的靶子。

如果我们经常感情用事,说话很随便,甚至因为一点成绩就得意忘形,等等。这些不好的言行习惯会在交际中给我们带来阻碍。当我们的这些言行超出别人容忍程度的时候,别人必定会找各种机会给我们小鞋穿,把我们当成活靶子,甚至还会杀鸡给猴看。

梅朵研究生毕业,凭着自己的实力参加考试,过五关斩六将才挤进了公司。虽然进了公司,却只是个小职员。

公司在办公区有个不大不小的休息室,是员工们吃午饭、喝咖啡、喝茶的场所,也是休息时闲聊的地方,有很多闲话都是从这里传出来的。

有一次,梅朵去休息室冲咖啡,正好遇到两个同事正在闲聊。她们看到梅朵进来,也把梅朵拉进了闲聊的话题。

一个同事说:"你们知道吗?听说咱们经理是胡总的小蜜。那次胡总来咱们部门视察时,他俩的眼神可暧昧了。"

另一个同事也说:"就是就是。那次胡总一进经理的办公室,经理就把百叶窗给拉上了,两人不知道在里面干什么。"

梅朵这时插话道:"听说经理只有高中文凭。我们这些大学生、研

究生还不如一个高中生。经理的能力实在是不敢恭维。"

当这句话说完后,梅朵就后悔了。这两个同事在公司很久了,她们之间说什么,自然是没事的,可是自己说的话会不会被她们传出去,那就不一定了。想到这儿,梅朵紧张地离开了休息室。

没几天,梅朵就被公司辞退了,原因是那两个同事告了黑状。她们把自己说过的那些闲话都推到梅朵的身上,并说给经理听了。两人怕梅朵会把她们说的话传出去,就先下手了。

梅朵知道被辞的真正原因之后,后悔不该听两个同事的闲话,更不该说那一句对经理不满的话。正因为自己言行不当,才导致自己被别人当了靶子。

注意言谈举止,就是在职场中,要知道并明白哪些话该说,哪些话不该说;还有哪些事该做,哪些事不该做。

同样,在什么样的人面前该说什么样的话,做什么样的事,以及不该说什么,不该做什么,都要经过思考,然后做到谨言慎行。

当我们在职场中做到了谨言慎行,才不会被人抓住把柄。如果我们没有注意自己的言谈举止,很可能因为很小的一个细节,就有可能被别人利用,并成为别人的靶子。

在职场中,谨言慎行是很重要的一方面。有才华、有能力是好事,但如果不懂得收敛,不懂得隐忍,在职场中是很难立足的。

不管一个人多么有权有势,只要他过分地张扬,过分地狂妄自大,傲慢无礼,就不会有好的结局,这是有前车之鉴的。为了平顺的人生,做人只有谨言慎行,才能叱咤职场。

柳莹是一家公司策划部的副经理,她业绩突出,多才多艺,能力很强,长得也挺漂亮,但在公司却很不受欢迎。

柳莹刚进入公司的时候,凭借自己深厚的专业能力,经常能给上司提出很好的想法和建议。再加上她工作努力，同事对她的评价都不错。

在公司的集体舞会上，她能歌善舞，非常活跃。同事们一起去唱歌，她也是抢尽了风头，吸引了公司男同事的目光。

工作闲暇，女同事们总喜欢谈论一些穿着打扮的事情，而她这时总会无所顾忌地指出女同事们的不足之处。渐渐地，很多同事就都开始讨厌她。

柳莹在公司工作了三年，竟然没有建立起自己的人脉网，公司的新老员工都明显地孤立她。因为她的争强好胜，多次导致工作出现问题，上司在多次劝告她无效后，让她另谋高就。

在职场中，跟他人交往的时候，要懂得收敛自己的锋芒，不要认为自己是最优秀的。不要随心所欲地想干什么就干什么，想说什么就说什么。要多站在别人的角度思考问题，只有这样才能了解别人的真正意图，也才不致树敌太多，让自己被孤立，并成为靶子。有些事，能让给别人做的，就让给别人做；有些话，能让给别人说的，就让给别人说；有些风头或功劳能让给别人抢的，就让给别人抢。

总之，我们要谦和、不多事、谨言慎行，才能平顺。隐藏自己的锐气，做一个成熟而有城府的人，我们的路就会好走很多。

言谈举止决定我们的职场生涯，我们要注意自己的言谈举止，尽量避免因为言行问题伤害到别人，导致自己职场交际中的失败。

1. 需要练就自我控制能力

在职场中，懂得自我控制的人才不会轻易受到情绪制约，不会在冲动之下，做出伤害他人、给自己的职场生涯埋下隐患的事。

就算在面对自己不喜欢的人或者是自己厌恶的事情时，也不要轻易表露出我们的情绪。我们不必强迫自己喜欢对方，但需要礼貌而真诚地问候对方。如果我们无所顾忌，说话做事随心所欲，不在乎别人的感受，这样就会成为别人攻击的靶子。

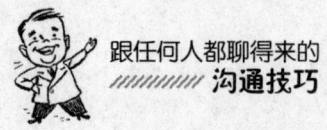

2. 学会收敛性格

在职场中,如果我们想有一个持续平稳的发展,就要学会收敛自己的个性,学会谨言慎行、不张扬。否则,终有一天,我们会得罪别人,别人也会给我们制造麻烦,打击我们。即使事情与我们无关,我们也可能成为替罪羔羊。

3. 远离闲话的中心

一些人多嘴杂的场合,你一定要远离并保持距离。说闲话,听闲话,最终我们会落闲话。闲话的目标人物最后就会成为我们。不说别人闲话,不掺和别人闲话的谈论,那些麻烦事就不会找上我们。

4. 不要对同事说我们的心里话

不要把自己的心里话说给某些人听。否则,我们在与对方有利益冲突的时候,对方知道了我们内心真实的想法,就会利用我们的心理弱点,明里暗里打击我们。这样我们就成了别人的活靶子。

5. 不要指责比我们职位高的人

在与比我们位高的人交往时,一定要谦卑。不要指出他的错误,不要违背他的意思,不超越对方,要顺着对方。这样我们才能免于与对方产生矛盾或冲突。

职场之中,多说不说都是错

与人相处的过程中,卓越的沟通技巧,可以让我们得到别人的关注,建立起良好的人脉关系。但是在刚刚步入职场的人群中,有着两种容易走极端的人,有一种人喜欢沉默,好像自己什么都不知道,任何事与他无关;还有一种人是大嘴巴,这种人喜欢表现自己,根本不会在乎别人的感受,也听不进别人的意见。显然这两种人的做法都是错误的。

冯潇大学毕业后在一家速冻食品公司当职员。在工作中每个人都承认冯潇是一个非常认真负责的人，领导们也都表扬他兢兢业业。对于领导布置的任务，他总是能够很快很认真的完成，高效高质，领导对他的工作深表满意。可是冯潇有一个问题，他始终没有意识到，就是他非常不愿意表达自己的观点。

每次开会的时候，冯潇是最先到会议室的人，但是大家都在表达自己看法的时候，冯潇却只是点头，埋头仔细记录着别人的看法。当领导向冯潇询问意见的时候，他总是微笑着说："大家说得都很好，把我想说的都说出来了。"其实他也并不是不想说什么，只是他总是认为自己的资历太浅，贸然地说出自己的想法恐怕会犯错误，而认真记录就是要学习一下大家的想法，等到自己资历够的时候再开始说出自己的想法。只是冯潇最初的想法经过他一直不提问后也就变成了习惯。

工作了几年，冯潇发现身边的同事一个个都被提升或加薪，而自己却止步不前。他不知道这是为什么？其实对于一个领导来说，他们更喜欢一些有想法的员工，他们觉得这些人具有创新精神，能够为公司做更大的贡献，冯潇只能做一些没有风险的工作。

其实事情就是这样，如果我们一直不发表自己的看法，没有人能知道我们真实的想法，可能我们的价值就会被埋没。作为员工，我们在平时的工作中，应该注意多表达自己的意见、积极地参与到讨论当中。只有这样，员工们才能更好地体会到工作中的重点、了解工作任务、改变自己的工作方式、加强与同事的沟通和合作。

当然，在不同的业务部门、不同的管理体制、不同的公司文化、不同的经营理念下，每个企业的沟通风格都会有所差异。但是不管是怎样的沟通风格，我们一定要保持和整体的风格一致。不要搞特殊化，尽量采取大家习惯和认同的方式，避免招来其他人的非议和不满。善于与他人交流、善于与他

人合作的员工会更受欢迎。新员工必须抓住机会,在适当的场合表达自己的想法,提出自己的意见,这样才能很快得到领导和同事的认可。

美国某汽车公司,需要采购车座上的绒垫,当时有三家商店分别派职员前去推销。其中两家商店所派去的职员,都十分的能言善辩。当时只有一家公司的职员因为身体不适无法表达他们的方案,那位职员去到汽车公司,用沙哑的声音勉强地说:"我实在不能说话,你们需要的商品,我只能为你们写下来为你们介绍。"汽车公司的领导,看到这种情况,便很友善地说:"你不必讲话了,你把商品拿出来,我们可以做出比较的!"结果,他得到了这笔订单。

这个例子并不是很恰当,但是这个事实却说明了一个问题,有时候,不开口的效果比开口更好。

另外还有一点,如果我们对谈话的背景、内容不十分了解的话,就更应该注意在我们了解之前,不要随便发表自己的看法,以免给自己带来尴尬。

1. 让表达成为一种习惯

卡耐基说过:"当众发言是克服羞怯心理,增强人的自信心、提升热忱的有效突破口。这种办法可以说是克服自卑的最有效的办法。"

当表达自己的观点成为一种习惯时一定会让其他人了解我们的看法。我们会觉得自己在不知不觉中变得独立,一旦我们热衷于表达自己的观点和想法时,哪怕是内容有限,我们也会从自己的经验中搜寻到东西,作为谈话的资料。

2. 表达可以,但别说得太多

表达观点可以,但如果说得过多也并非什么明智之举。说得过多,很容易错过别人有用的看法,而且容易给人一种自以为是的感觉,总之这也是一种不恰当的职场表现。

生活中有的人口才很好,他们仿佛不知疲倦,总是夸夸其谈,滔滔不绝。这类人必然很好相处，而且十分容易交流，但是这样的人会在不知不觉中犯错误，总是不给别人表达自己想法的机会，即使他不是故意的，仍然给人一种自我的感觉，也很容易得罪别人。

3．学会聆听别人的意见

一些人，当别人意见与自己想法不一致时，经常不等别人把话说完就插嘴。其实这样的做法很不礼貌，不仅不能改变别人的想法，还会让别人觉得很反感。试想，别人正有一大堆的话急于想说出来呢，你却插嘴，这时别人一定不会注意我们想表达的意思而想要继续说出自己的想法。因此我们应该学会聆听，并且尊重别人的意见，之后大家有什么不同的看法再进行沟通交流。

多沟通，不等于要我们成为"大嘴巴"

虽然办公室不是菜市场，但总有些人喜欢扮演"包打听"的角色，或者喜欢扯一些东家长西家短的话题，或者口无遮拦地说一堆私事。这些到处打听、传播别人私事、甚至添油加醋的人是最不受欢迎的。

在职场中，一个优秀的员工最重要的就是做好自己的本职工作，千万不要做办公室的"小喇叭""大嘴巴"，这样会使我们陷入恶劣的人际关系，工作也无法进行。

梁欢今年26岁，在一家金融单位工作。她性格开朗，过于热情，在单位人称"宇宙广播站"，上上下下没有她不说的事。

单位的一位女同事无意中说讨厌某某领导。没有多久就传播说这位女同事受到了某某领导的性骚扰，闹得全单位人心惶惶的，关系都很紧张了。

某某领导被上级纪检部门找去谈话,她就把话传播出去,说领导有严重问题,要被判刑了。一位女同事哭着来上班,大家都忙着工作,她凑过去打听。那位女同事数落了丈夫一大堆的不是,讲了婆婆的很多坏话。梁欢听了以后,传播说是因为丈夫外遇的问题,气得女同事与她几天不说话。

单位的一个女同事辞职了,她听了大家的议论,不加思考,没轻没重地传播了很多花絮,涉及到单位的很多人和事,闹得大家都对她意见很大。现在她一上班,单位的人都离她远远的,没有人愿意与她交流。单位没有说话的机会了,就在家里乱传播,闹得家里亲戚关系紧张起来,丈夫气得也不爱和她说话了。

像梁欢这样的人在职场中不占少数,他们平时不是把精力放在工作上,而是放在打听别人的隐私、传播别人的闲话上,最后却落个人人离他远去的结果。这种人是办公室谣言的集散地,是茶水房里的大红人,以制造、传播谣言为乐。她们具备做间谍的本领,有捕风捉影的洞察力和锲而不舍、不怕白眼的决心,还兼具做主播的天分,能把看来的、听来的,甚至编来的故事讲得头头是道,惟妙惟肖。

有一位先生刚到一家公司的电脑维护部工作,一个工作一年的20岁同事是个典型的"小喇叭",因为自己是高中毕业自学的电脑,所以对这位先生大学毕业的竞争者十分警觉。经过小喇叭广播几次后,公司就贴出布告罚了这位先生500元,最后这位先生气不过,不得不辞职。

对付特别喜欢打听别人隐私和传播别人闲话的同事要"有礼有节",不想说的可以礼貌坚决地说不,对有伤名誉的传言一定要表现出坚决的反对态度,同时注意言语还要有风度。如果回答得巧妙,就既不会伤害同事间的和气,又保护了自己不想谈论的事情。保护隐私一来是为了让自己不受伤害,二来是为了更好地工作。当然也没必要草木皆兵，但凡工作之外的问题也全部三缄其口，这样便很容易让人以为你这个人不近情理。

1．职场中，减少你的好奇心

对于那些爱传播小道消息的人，心理医生建议一定要克服爱打听和传播小道消息的不良习惯，对待单位的同事和周围的人一定要以平常心对待，不要对什么事情都好奇，更不要添油加醋地传播。好奇心减少了，对于小道消息也就没有兴趣了。

2．加强自我修养

要强加自我修养的锤炼，学会分析问题、明辨是非，不要人云亦云，被人利用。更重要的就是严格要求自己的言行，不要随便破坏同事之间的团结，损害他人的利益，不做办公室的"大嘴巴"。

3．提防身边的小喇叭

每个办公室里都有小喇叭，他们眼观六路，耳听八方，消息灵通，线人遍布基层和高层，有些老板也乐于听听他们的八卦以察下情。这样的人千万得小心提防。搞不好在老板面前将谎言重复一千遍就成了真理。

既已步入职场，就没有童言无忌的特权

当你步入社会后会慢慢地发现，那些从前在课本里学来的心直口快、仗义执言、直言不讳等行为，在这个现实的世界里显得那么不成熟。因为，那些口无遮拦的人，总是轻易地就得罪了某些人。

谷雨平时为人热情，多次帮助公司的女同事介绍对象。但结果是成的少，无疾而终的多。在公司里，有一位30多岁的女同事，谷雨多次给她介绍对象，都没成。谷雨一时心急，就在闲聊时大发感慨说：

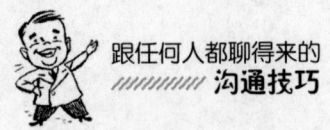

"三四十岁还不结婚的人心理肯定有问题。"语毕,那位女同事很生气地说:"我怎么就有问题了,你这么说话合适吗?"

谷雨也觉得自己说话过分了,连忙补充道:"对不起,我不是说你,我是说男的。"说完,方想起来办公室里还有一位快到40的男同事至今未婚,最后办公室一片静默,好好的气氛就这样被破坏掉了。

年轻人一定要管好自己的嘴,别像谷雨那样,什么话都不经过思索,就脱口而出。这样很容易伤害到别人,而自己在别人心中的信任度就会直接下滑,最终成为一个不受欢迎的人。

露露为人直爽,说话直接。同事们经常说她口无遮拦,说话永远不经大脑,总是先说话后思考。就因为说话口无遮拦,露露常常不顾及别人的面子,所以有时得罪了人,她还不知道。

一次,朋友郝灵买了一件新衣服,很贵、很漂亮。但遗憾的是郝灵的身材因为刚刚生完孩子有些臃肿,衣服穿起来显得有些不合适。

朋友们都看出来郝灵很喜欢这件衣服,所以都不忍心打击她,纷纷赞扬起来:"这样的衣服才显出你的气质,穿起来真好看啊,虽然贵了点,但物有所值啊!""这件衣服真好看啊!在哪买的,哪天我也买一件!"……这一系列的赞美让郝灵很受用,她非常高兴。可是这时露露却突然说:"你太胖了,身材都变形了,穿这衣服真是不好看,你看你的小肚子都露出来了,多难看啊!而且还那么贵,也没见得好在哪儿啊,我看也不值那么多钱!有这些钱都能买好几件不错的衣服……"

还没等露露说完,郝灵便气愤地走了。其他朋友也很生气:"你是实话实说痛快了,可这不显得我们虚伪吗?"

以后,大家聊天时总是躲着露露,毕竟,谁的面子也不禁伤啊!

俗话说:"病从口入,祸从口出。"像露露这样口无遮拦,虽然逞了一时口舌之快，但最终却伤人伤己。

步入社会以后，我们就没有童言无忌的豁免权了，如果我们继续口无遮拦，那么只能让我们处于朋友不待见、同事不喜欢的尴尬境地，最终交友失败、事业失败。所以年轻人一定要先明白这个道理，然后在与人交往时，牢牢把握好说话的尺度，避免口无遮拦。只有这样，在与人交往时，才能保证自己不会因为说话而得罪人。

1．不要满腹牢骚

在职场上，牢骚满腹是一个大忌。一个抱怨个没完没了的人一定是个不受欢迎的人，即使他的工作再出色，也很难得到大家的认可，因为他的牢骚和对别人的不满常常会抹杀他的工作成绩。

2．不要随意打听薪水

一般来说，公司的老板都不喜欢职员们相互打听薪水。因为职员们的工资是有差别的，老板常常会用"同工不同酬"来"奖优罚劣"。老板当然不希望因为薪水的问题而打击部分员工的积极性、破坏公司的团结、引发员工之间以及员工和老板之间的矛盾。所以聪明的话最好不要在公司里打听别人的薪水。

3．不要做无谓的争论

在办公室里和同事争论不休是没有意义的事情。喜欢争论的人，总是逞口舌之快，希望用自己的言语去压倒别人，殊不知，即使我们在口头上压倒了对方，对方在内心里一定是不服气的。而且，在这个过程中，我们伤害了同事的自尊心，很可能会让对方对我们心生反感甚至记恨在心。

4．不要过多谈论私人生活

聪明人是不会在办公室过多地谈论自己的私人生活的，而是会很好地拿捏这个尺度。因为在办公室里适当地谈论一些个人生活，会显得比较有人情味，使同事之间的关系变得更加亲密。但办公室不是谈论私人生活的场所，如果不加选择地把个人隐私全部抖出来，就有可能给别人留下不好的印象，也有可能给别有用心的人留下话柄。

和上司沟通，没有那么简单

职场上有不少人尤其是那些刚毕业的大学生，处处因为慑于上司的权威而不敢与之交流。这是不自信的表现，对工作的开展十分不利。其实上司并不是那么不通情理，他也会与别人交流。任何一位上司，都愿意及时了解下属反映的情况，因为他想从中了解一些存在的问题，并从中找出解决的方法。

但在和上司交流的时候，也要注意尺度的掌握，这不仅对上下级的来往有帮助，而且还能在上司面前展露我们的才华，使我们给上司留下一个美好的印象。

一次，公司要召开经理级会议，李琦被老板安排拟写会议日程和安排的任务，并且还要下发到每位参与会议人的手中。李琦很快完成了任务，并把提纲以电子邮件发到老板的私人信箱里。老板在开会前两天很不满意地问李琦为什么还没有看到她的计划，李琦则回答老板在几天前就传到了她的邮箱。老板说由于那几天忙于洽谈业务，疏于检查邮箱，她提醒李琦以后一定多注意，再遇到类似这样的事情一定要多打几个电话追问一下。后来，李琦又犯了工作上粗心的错误，老板对她产生了不好的印象。

"千万不要自以为自己已经发出的邮件，对方就一定能在第一时间内收到；更不能不对传达信息不做核对就寄发给收件人。"这是李琦的教训。如果想要让上司转变态度，恐怕还需要很长的一段时间，那么，李琦可能近期内都不会得到什么提拔了。

职场人必须永远牢记在心的生存守则就是和上司搞好关系。不论是升职，还是加薪，上司都牢牢掌握着我们的职场前途。所以，能否很好地和上司进行沟通交流才是我们升职与否的关键所在。

沟通一定要有效，经常沟通并不意味着我们的沟通是有效的。促进团队合作和个人的职业发展是需要那些有效的沟通。职业发展到一定阶段，白领的发展瓶颈就集结在人际沟通上。假如上下级沟通不畅的话，导致业绩不佳和人际关系紧张的事情也不在少数。

所以，必须要注意培养自己的"办公室情商"，这样才能在职场竞争中占得先机。作为下属，沟通是吸引老板目光的重要手段。话不说不清，理不道不明。沟通是一门学问，也是一种艺术，沟通往往能带来意想不到的效果，例如像消除隔阂之类的事情。就算上司的态度再冷淡，我们也无须泄气，态度积极才能解决问题。注意，谈心的场所也尤为关键，一定要找一个适合的场所，并选择好时机，在整个谈话过程中营造出随意的自然的气氛。

是金子总会发光。但假如金子掉在灰堆中，它的光芒也会被灰尘所掩盖。一个有能力的公司普通职员，想要在众多精英人士中脱颖而出，要么表现得与众不同，让上司的目光停留在我们的身上，这不是简简单单的邀宠。当今的老板眼光很特别，阿谀逢迎这一套对高瞻远瞩的老板已经不再受用，即便受用也只能是那些下三流的老板。

在日常的工作中，怎样才能够与上司进行有效地沟通呢？

1．主动汇报

如果我们抱怨上司不重视我们，请先扪心自问一下，我们会主动地向上司汇报工作进度吗？做到这一点很重要。主动汇报是我们与上司进行有效沟通的一个前提。

上海某跨国公司的职员李明总是主动向上司报告自己的工作进度。他在日航工作时就是这样的工作状态，也算是从外企那里学到一些先进

的工作理念吧。

李明在日航工作不久,有一天,有四个东京的本公司的部长,要到台湾东边的一个小岛南屿去度假。那个岛很小,上面只有两个饭店,这四个部长要求住连在一起的套房,而且房间还要面对太平洋。他打电话问过后,才知道一间这样的套房也没有了,他马上给东京发了个电报,说一间都没有,但他会继续寻找。东京回答了两个字:了解。他就继续他的找寻工作,终于他找到了两间,但不是在同一个饭店,他马上回电东京:已经找到两间套房,但不在同一个饭店,我还会继续寻找。东京的回电仍然是"了解"两个字。努力了半天,他也只是找到了三间连在一起的套房,问题是还缺一间。他回电给东京后,东京那边给出的答复依然是"了解"这两个字。于是,他索性坐飞机冲到南屿。问服务员:"麻烦问一下,我隔壁的房间是谁在住?""那是一对夫妇,马上要来度假,今天下午就要来了。"服务员回答。他就坐在那里等那对夫妇。终于,他等到了那对夫妇,他马上走过去说:"您好,我是日本航空的工作人员,您能不能将您住的房间让给我?"那位先生说:"那你给我一个让的理由?"他说:"我替您在隔壁又找了一间套房,面对太平洋,可以看到美景,而且免费。"那位先生很疑惑地问:"这是真的吗?""对,但我一定要您的房间。"他说。于是,李明拿了那位先生的行李,牵着他的孩子,挽着他的太太,走向隔壁。随后,李明回电给东京:房间已经找齐。东京这次回复的内容是"谢谢"。没多久,东京的人到了,轻轻地拍着他的肩膀说:"你做事很认真。"他认真的工作态度赢得了上司的好评。日本人一直觉得中国人做事懒懒散散,没有敬业精神,他就是要用这股子干劲让日本人改变对中国人的看法。这件事他一共回电给东京七次,主动报告他的工作进度。当然,那个免费房间的费用是他自掏腰包。为了完成这项工作,他不惜自掏腰包,连东京方面都不知道这回事。正是因为这次完成了任务,很快他就赢得了晋升的机会,这种投资是值得的,这是做事情的精神。

2．不忘充电，努力学习

一个人只有设身处地地为上司着想，才能让自己了解上司。上司想到了什么我们也要想到什么，上司看到了什么我们也要看到什么，这样我们与上司沟通起来就容易了。心有灵犀一点通，是与上司沟通的最高境界。

3．接受批评，错不过三

一个人第一次犯错是因为无知，第二次犯错是因为不小心，第三次犯错就不可饶恕了。所以，在一件事情上我们千万不要第三次犯错，否则我们的饭碗就要丢了。

某日企老板准备挑选优秀的应聘者去完成一项重要的工作，在对众多的应聘者进行筛选时，他只问一个问题："在你以往的工作中，你犯过多少次错误？"对于这个问题，肯定有的人的答案是不真实的。但最终这个老板把这项工作托付给了一个敢于承认自己犯过多次错误的员工。工作开始前，该员工收到了一本老板给他的《错误备忘录》，老板并且在这本备忘录中写道："犯错也是你工作成绩的一项考核，但你一定要牢记，同样的错误你只能犯一次。"这说明，老板是允许员工犯错的，但在同一件事情上犯两次错误的话，这是老板决不允许的。

4．不忙时主动帮助他人

当我们的同事做事不顺的时候，或是在我们闲暇的时候，我们应该伸手施以援助。我们这样做，不仅会得到上司的赏识，还能博得同事的好感。

5．接受任务时心甘情愿

有的时候上司临时交代一些事情要做，下属就很不乐意，一副死不甘愿的样子，这种下属是最让上司反感的。想要给上司留下好印象，那么凡是上司交代的任务一定要无条件接受，并要圆满完成任务。

想让老板加薪，做好万全准备

加薪是每个人都渴望的。大学毕业生刚刚参加工作，对于自己的工资应当有一个心理预期和一个口头数字。在工作的时候，拥有了明确的目标，才会在工作过程中产生动力。

其实，年轻人在参加工作的时候，薪水之外的热情更为重要。我们从工作中获得的快乐和学习到的东西，远远比我们手中拿到的工资更有价值。如果我们能认识到这一点，那么加薪只不过是水到渠成的事情。

对于每一个人而言，工作都是非常重要的，但是有的人从心理上并没有深刻地意识到这一点。他们虽然很关注自己的工作，却把关注的重点落在了薪水上。他们渴望着老板给自己加薪，而且往往有很高的预期。

事实上，有过求职经验的人都知道，要找到一份适合自己的工作，是非常不容易的。当我们对自己的工作有了一个加薪的心理预期的时候，有没有想过加薪的理由呢？我们有没有考虑过自己想要加薪的数字是多少呢？

两位刚刚毕业的大学生小奇和小曲到同一家公司面试，两个人都很幸运地被录用了。在最开始的时候，两个人对于工作非常有热情，每天不仅做好自己分内的事情，还尽自己的所能去帮助同事做事。一个月的时间很快就过去了，两个人都习惯了现在的生活，初入职场的那种新鲜感渐渐地消失了，但是他们的态度却发生了不同的变化。

小奇对于自己现在的工作有了几分抱怨："我现在辛辛苦苦挣的钱还没有上大学的时候做兼职收入高呢！老板也不给我们加薪，我真的有点不想干了。再这样下去,我一定会辞职离开这里的。"

小曲的看法与他有所不同,他说:"薪水虽然确实不高,但是我们以前上大学做兼职的时候只能从事体力工作,没有什么技能可言。现在做的这份工作,可以让我们学到很多的东西。在进入公司之后,我觉得自己的能力增强了很多呢。"小曲劝说他再干一段时间再说,不要急于下结论。

小奇没有听从他的劝导:"上班工作不就是为了多挣点钱吗?我这就去找老板,要求给我涨工资,否则我就得换工作了,再这样下去没有什么意思。"小奇说完就去找老板谈话了,他要求提高自己的工资,并且提出了一个自己期望的数字。

老板微笑着请他先回去等消息,至于是否加薪,过一段时间再说。

小奇以为老板被自己说动了,于是接下来的日子,一直在等好消息。但是时间一天天过去,他却没有接到老板的电话。当然,加薪的事情泡汤了。怎么办呢?是走还是留?小奇犹豫了。在接下来的日子里,他开始混日子,工作也不像往常那样认真了。时间一天天过去,他过得倒也悠闲自在。

当小曲劝他努力工作的时候,小奇嘲笑他:"你真傻,给多少钱办多少事,老板对我不仁,别怪我对他不义。不给我加薪,就甭想让我再像以前那样卖命了。"小奇就这样混了一段时间之后,老板实在难以忍受他的工作态度,把他辞退了。

而小曲却依旧留在原来的单位工作,当然,几个月过去了,他总是一如既往地那样努力。三年之后,当小曲再度遇到小奇的时候,他还在找工作,由于他一直认为对方给的薪水低,因此不断地换工作,已经换了十几个了。而小曲此时已经加薪多次,还将攒下的钱存了起来,准备

买房子了。

小奇好奇地说:"原来的公司不是待遇很低吗?"

小曲微笑着说:"公司的待遇并不像你想的那样差,但是他们有个前提,那就是必须有过硬的技术。"

听了这话,小奇后悔莫及。

从上面的例子中,不难得出结论。要想让老板加薪,首先我们要看看自己究竟能为老板创造出多大的经济价值。每个人都想多挣钱,但是却有一部分人并不去实际努力,那么这种加薪的梦想也只能存在于幻想的阶段。

薪水可以作为我们的目标,我们可以对它有一个心理预期。但是如果我们只把自己的眼光盯在这个目标上面,却没有更长远的打算,也没有具体的实际行动,那么加薪只不过是我们一厢情愿的幻想罢了。一个人只是为了薪水而工作是一种不明智的选择,这样下去,我们不仅得不到加薪,还会害了自己。

当然,并不是说加薪不重要。主要是想点明,想让老板加薪,就要全面地去作准备。只有我们付出了努力,才能达到自己心理预期的目标。

1. 要对工作富于热情

一个对于自己的工作无比热爱,始终能高质量地完成老板交代的任务的人,一定会成为老板考虑的加薪对象的。一个人带着自己的工作热情投入到事业中去,那么一定会做出成绩的。

2. 具备良好的工作习惯

在工作的过程中,要尽快熟悉自己的工作内容,还要把这些做得更好,提高自己的工作效率。在这个过程中,我们要注意培养自己良好的工作习惯:当我们养成了这种良好的工作习惯之后,我们就会发现自己的能力在无形之中已经有了很大的提高。工作在一定程度上是一个人的人格体现,人格将会对我们良好的工作习惯起到一定的辅助和推动作用。

3．任何情况下都不讨厌自己的工作

如果因为不满意薪水，我们便对自己的工作不尽力、不忠实，那么等待我们的便可能是惩罚，有可能我们会因此而失去了增长经验、锻炼自己的绝佳机会。我们的工作是帮助我们实现理想和奋斗目标的平台，如果我们做好了，就离自己的理想越来越近，而加薪，只不过像花开花落一样是很自然的事情。它完全可以满足我们的心里预期，从而将口头数字变成现实。

第六章 当领导的善于沟通，员工都会全力以赴

有效沟通，乃一切工作的前提

对管理者来说，要想了解员工的真实想法，与员工进行沟通是至关重要的。因为，管理者要做出决策就必须从员工那里得到相关信息，沟通是获得信息的主要渠道。同时，决策要得到实施，更需要与员工沟通。再好的想法、再有创见的建议、再完善的计划，离开了与员工的沟通都是无法实现的空中楼阁。

没有良好的沟通，人与人之间难免出现各种问题。现实中的许多经验教训都说明，工作中出现的矛盾、问题，往往是因为沟通差，缺少交流所致。所以，管理者要想管好人、理顺事，就必须与员工进行有效沟通。如果一个企业的上、下级之间不能有效沟通，很多有价值的信息就不能传递给每一位员工，那么员工就难以把工作做好，管理者就会遇到棘手的事。

> 某企业有一间办公室着火了，管理者对刚走到门口的员工说："快拿桶水来！"这位员工边走边想：水龙头在哪儿？水桶在哪儿？他终于想起不远处的食堂有水桶，他盘算着，先拿桶，然后到最近的水龙头打水，这样最省力。但当他回头一看，不得了！管理者的办公室起火了。
>
> 原来，当管理者发现了火情，便马上要刚走到门口的员工拿水桶。员工只是机械地执行拿水桶的指令，并不知道管理者脑子里真实的想法，结果这位员工直埋怨："早知道是救火，附近就有灭火器，何必要跑到远处去拿水桶呢？"
>
> 如果管理者对员工说："有火情，你赶紧给我拿桶水来救火！"这位员工就会动脑思考：要救火，赶紧！但是救火不一定非得用水呀！附

近不是有灭火器吗？几分钟内，火警就会解除。

这是典型的沟通障碍的例子，它有效地说明了没有良好的沟通，就无法明白和体会对方的意思，就难以把要做的事做得顺利、圆满，工作就会出现障碍。

企业中有两个数字可以很直观地反映沟通具有重要性，这就是两个70%。

第一个70%，是说企业的管理者有70%的时间用在沟通上。开会、谈判、谈话、作报告是最常见的沟通，撰写报告则是一种书面沟通，对外各种拜访、约见也都是沟通，所以说，管理者有70%的时间都花在沟通上。

第二个70%，是说企业中70%的问题是由于沟通障碍引起的。比如：企业常见的效率低下问题，实际上往往是，大家没有沟通或不懂得沟通所引起的。另外，企业里面执行力差、领导不力的问题，归根结底都与沟通能力的欠缺有关。比如说管理者在绩效管理的问题上，对员工，经常是恨铁不成钢，因为他们没完成年初设立的目标，工作中给予的一些期望，也没有实现。

为什么会经常出现这种员工达不到目标的情况？通过调研发现，这往往是因为员工对管理者提出的目标或者期望并不清楚，管理者和员工之间的沟通不是有效沟通。之所以产生这种情况无论是管理者的表达有问题，还是员工倾听领会得不够，归根结底都是不能有效沟通造成的。

现实中有的管理者作决策时很少主动和员工沟通，没有听取员工的想法，制定战略或前景目标时，没有多少信息是来自基层的，大部分是几个主要管理者坐在一起商量出来的。当问及员工企业的目标是什么？员工会说，那是管理者的事，与自己无关。当员工根本不了解目标制定的依据时，执行工作时就难免出错。所以在实际工作中，重要的是要把部门的远景发展及时全面地与各个层面进行沟通，达成共识、形成一致。特别是大公司，每一个人都在很勤奋地"拉车"，但可能是有人在往前拉，管理者说往后拉，还有的人在往右拉，结果可能是车子在原地没动。要把所有的资源和力量全部投入到既定的目标中去，就需要良好的企业文化统一员工的思想。

有些企业员工工作业绩不理想，执行能力差，有时不一定就是员工的错，可能是管理者交待的不清楚，太含糊了。工作中的沟通和理解是必要的，管理者起码要懂得把工作任务向员工交待清楚。

员工与管理者沟通不到位，就不会从整体利益出发，他们会认为只要完成手头的工作就好了。诺基亚公司董事长兼首席执行官沙玛·奥里拉在自己的管理箴言中这样写道："我觉得有两个能力很重要：第一是沟通的能力，第二是人才管理的能力。但没有好的沟通能力，一切都无从谈起。"

萨姆·沃尔顿是美国沃尔玛公司总裁，他也曾说过："如果你必须将沃尔玛的管理体制浓缩成一种思想，那可能就是沟通。因为，它是我们成功的真正关键之一。"

沟通就是为了达成共识，让企业的管理者和每一位员工为了共同目标而努力，而实现沟通的前提就是让所有员工一起面对现实。沃尔玛决心要做的，就是通过信息共享、责任分担实现良好的沟通交流。

> 沃尔玛公司总部设在美国的阿肯色州本顿维尔市，公司的行政管理人员每周要花费大部分时间飞往各地的商店，通报公司所有业务情况，让所有员工共同掌握沃尔玛公司的业务指标。在任何一个沃尔玛商店里，都定时公布该店的利润、进货、销售和减价的情况，并且不只是向经理助理们公布，也向每个员工、计时工和兼职雇员公布各种信息，鼓励他们争取更好的成绩。
>
> 沃尔玛公司的股东大会是全美最大的股东大会，每次大会公司都尽可能让更多的商店经理和员工参加，让他们看到公司全貌，做到心中有数。萨姆·沃尔顿在每次股东大会结束后，都和妻子邀请所有出席会议的员工约2500人到自己的家里举办野餐会，在野餐会上与众多员工聊天，大家一起畅所欲言，讨论公司的现在和未来。为保持整个组织信息

渠道的通畅，他们还与各工作团队成员全面注重收集员工的想法和意见，通常还带领所有人参加"沃尔玛公司联欢会"等。

萨姆·沃尔顿认为，让员工们了解公司业务进展情况，共享公司信息，是让员工最大限度地干好其本职工作的重要途径，是与员工沟通和联络感情的核心。而沃尔玛也正是借用共享信息和分担责任，适应了员工的沟通与交流需求，达到了公司的目的：使员工产生责任感和参与感，意识到自己的工作在公司的重要性，感觉自己得到了公司的尊重和信任，积极主动地努力争取更好的成绩。

那么，管理者如何才能与员工进行有效的沟通呢？以下两点是极为关键的。

让员工对沟通行为及时作反馈，管理者与员工要进行必要的交流。沟通的最大障碍在于员工对管理者的意图理解得不准确或者产生歧义。为了减少这种情况的发生，管理者可以让员工对自己的意图作出反馈。比如：当我们向员工布置了一项任务之后，我们可以接着询问员工："你明白我的意思了吗？"同时要求员工把任务复述一遍。如果复述的内容与管理者的意图相一致，说明沟通是有效的；如果员工对管理者的意图理解出现了差错，可以及时进行纠正。

积极倾听员工的发言，了解员工的内心想法。沟通是双向的行为。要使沟通有效，双方都应当积极投入交流。当员工发表自己的见解时，管理者应当认真积极地倾听。把自己置于员工的角色，以便于正确理解他们的意图。倾听的时候应当客观地凝神聆听而不应指指点点作出主观评判。当管理者听到与自己不同的观点时，不要急于表达自己的意见。因为，这样会使我们漏掉余下的信息。积极地倾听应当是接受他人所言，而把自己的意见推迟到说话人说完之后。

现在的管理是建立在相互沟通的基础上的，并非是一种绝对服从管理，要让每一位员工了解企业面临的各种问题，大家为了共同的利益而奋斗。

成功的企业，无一不是在有效沟通上做足了文章，下足了功夫。正如安东尼·罗宾曾说的一样："沟通是一门艺术。你不拥有这项基本技巧就不可能获得事业上的成功，这项基本技巧就是沟通能力。"

调动员工积极性，不要吝啬赞美之词

有时候调动员工的工作积极性，并不需要太多的物质奖励；人是有感情的高级动物，精神上更需要管理者给予必要的投入，这就是认可和赞美。马克·吐温说："得到一次赞美，我可以多活两个月。"赞美可以充分激发人的热情，是一种有效的管理模式，也是领导聚拢人心的有效手段之一。

美国一所大学的行为科学研究结果表明，肯定他人要比否定他人效果好，肯定一个人可以让他产生更积极的行为。"要想把飞虫逮住，就要多用蜜而不用醋。"管理下属的有效手段就是要常常认可和赞美他们。当然采用惩罚措施也是必要的，但也只能在迫不得已的时候才能用此下策。发现下属值得认可和赞美的地方，就一定要多加认可和赞美，长此以往，谁都愿意在我们的领导下干活。

一定要肯定和赞扬那些对工作尽心尽力的员工。薪资固然是重要的，但多数员工认为获得报酬只是一种权利，是他们工作付出的交换。正像一位著名的管理顾问所言："报酬是一种权利，给予肯定则是一件礼物。"

某君有天上班不久，就收到一条陌生人发来的短信："我是××银行营业部主任×××，谢谢您对我们服务工作的赞扬和勉励，您的评价我行领导非常重视，已特发通知号召全体职工向王、赵二人学习，我们将再接再厉进一步提高服务水准，以回报社会各界对我们的支持与厚爱。"

原来,某君曾经发表了一篇文章,文章里表扬了该银行中与自己素不相识的青年员工王、赵二人,对他们良好的服务态度给予了赞美。本来这是一件小事,可银行领导竟然如此重视这件小事情,倒是令他始料不及。

于是,某君马上回复了这位主任一条短信,感谢他们对这件事的重视。过了一会儿,这位主任又打来电话,将经过详细说明了一遍,并表示总行的领导对此事进行了研究,很快向全行系统发出"关于进一步加强文明优质服务工作的通知",要求各支行和各部门组织员工阅读和学习这位先生所发表的那篇文章,并号召全行员工向王、赵二人学习,进一步掀起文明优质服务的新高潮。

上例中的故事看似是件不起眼的小事,但若和赞美的价值联系在一起,意义就会有所不同了。凡有自尊心之人,没有不喜欢被别人赞美的,被赞美是一种莫大的幸福。"滴水之恩,当涌泉相报",实事求是地热情赞美为自己提供优质服务的人,是一种"幸福的义务"。

赞美他人的同时,我们也会获得好心情。俗话说"赠人玫瑰,手有余香",在他人得到我们赞美的同时,我们的精神世界也得到了升华。当我们眼前全都是下属们的笑容,"谢谢"之声不绝于耳,我们领导的团体才能更和谐地发展下去。

有许多的研究表明,赞扬与肯定下属最能使他们全力以赴地投入到工作中,高水平发挥自己的才能,可见赞扬和肯定的作用是巨大的。除拿到应得的薪水之外,员工们更关心他们在工作中所起的作用大不大,他们的努力有没有白费,他们有没有得到了领导应有的重视。一声真诚的肯定、赞美之语,既表达了我们对下属某种行为或价值的欣赏,也能大大鼓舞下属继续表现出我们所赞赏的行为,使这种行为渐渐蔚然成风。这不仅是我们工作责任的体现,更是我们掌握全局、着眼整个工作环境的能力的表现。领导只有不吝啬自己的赞美、肯定之词,将赞美当礼物送给下属,才能赢得下属们更多的信赖，才能抓住他们的心。

与下属沟通，避免陷入僵硬的氛围

每个管理者都希望自己能够与下属顺利地进行沟通，将自己的要求传达给下属的同时，也希望下属能愉快地接受并完成任务。然而现实中，下属总是和管理者形成对立的关系，很难在两厢情愿的情况下共同向着既定的目标迈进。所以，在向下属传达命令的时候，管理者就要掌握一定的谈话技巧，避免双方陷入沉闷僵硬的沟通氛围之中。如何才能让自己和下属都轻松愉悦地接受呢？如果能够适当地运用幽默来调节现场紧张的气氛，就会让我们和下属的沟通变得融洽。

由于最近一段时间内接的货单很多，科特药业公司的工人们经常会被命令加班加点地完成工作进度，导致许多工人都产生了不满的情绪，干起活来也不像之前那么认真了。但是药品不比别的产品，弄不好公司信誉受损不说，还会出人命，这是公司最不愿看到的。

公司的销售经理一大早就遇到了一件让他十分郁闷的事，公司最大的客户由于不满近期公司产品的质量，想要马上中止与科特药业公司的合作关系，另外去寻找一个新的合作伙伴。销售经理向总经理汇报这一情况后，总经理吩咐他务必稳住这名客户，而有关质量方面的问题他会亲自负责去过问，并努力把质量提高。

时间已到傍晚，总经理赶到生产车间门口的时候，外面正巧下起了大雨，他看到车间的工人们在冒雨卸货，也打开车门冲了上去，和工人们一起冒雨工作。等到货物卸完以后，看到大家浑身都被雨水给淋湿了，总经理抹了抹自己脸上的雨水，笑着对工人说："今天晚上加班吃

晚饭的时候，我们一定要加道菜。"没等现场的工人们反应过来，总经理就接着说，"加道清蒸'落汤鸡'，味道肯定不错。"工人们都会心地笑了起来，饥饿和劳累顿时一扫而光。趁着大家心情不错，总经理在鼓励大家的同时，紧跟着又强调了产品质量的重要性，并承诺马上增加工人们的加班费。听完总经理的话，工人们的抵触情绪消失了，产品的质量又提上去了。原本马上就要失去的大客户看到产品质量得以恢复，也就愿意留下来继续合作。

科特药业公司在总经理的努力下，安全渡过了难关。

通常人们都喜欢和那些机智风趣、谈吐幽默的人交往，同样道理，员工也喜欢跟着幽默风趣的管理者工作。同样的要求如果用强制的方式让下属执行，他们肯定会一百个不乐意；如果换一种方式，在幽默中传达出自己的意思，下属就会在愉快的气氛中接受上司的命令。幽默的魅力就在于它能够让烦恼的人欢畅起来，让人们原本痛苦的心情愉悦起来，也会让尴尬的气氛顿时融洽起来。适度幽默不仅非常有利于调动下属的积极情绪，还能够缓解下属在工作中的疲劳状态。上述这个故事中的总经理，就是通过一句幽默的话，拉近了自己和工人之间的关系，消除了他们内心存在的消极情绪，否则只凭生硬的指派与命令是很难让工人接受并执行任务的，更别提让工人们积极地为企业服务了。

一般来说，幽默能够将人们的注意力从痛苦中暂时转移，至少人在笑的时候是不会注意到痛苦本身的。从这个角度来说，我们也可以说幽默本身就是一针麻醉剂，它的作用就是麻痹人的痛苦神经，让人们能够暂时忘却眼前的痛苦。而另一方面，幽默造成的精神上的兴奋以及心态上的乐观，能够减轻人体肌肉的紧张度，增加体力与毅力，让痛苦相应减轻，这对于人的生理以及心理上痛苦的缓解都大有裨益。

有经验的管理者往往懂得在恰当的时候，运用恰如其分的幽默，将一些本来很困难的局面扭转过来。幽默能够让管理者更加人性化，让上下级的沟通更为简单明了。懂得幽默的管理者往往要比古板严肃的管理者更容易和员工们打成一片，能够和客户建立更为默契的合作关系。而那些有幽默感的管理者，总会带给员工快乐祥和的气氛。他们做起事来要比那些不懂运用幽默的人容易很多，甚至在玩笑间能够轻易解决一件在大家看起来比较难办的事。

丢掉架子，有亲和力的领导更有人缘

在美国曾做了这样一项调查：针对1160名管理者的调查结果表明，77%的领导者在员工会议上用讲笑话的方式来打破僵局，52%的领导者认为幽默有助于自己开展业务，50%的领导者认为企业应该考虑聘请一名"幽默顾问"来帮助员工放松。可以说，对领导者而言，幽默已经成为一种新的、有效的主流管理时尚。对一个刚刚晋升的领导者，假如说在最短的时间内与下属缩短心理距离，那绝佳的办法就是幽默。心理学家认为，感情是人对客观事物好恶倾向的内在反应。因为感情，人与人之间建立了良好的关系。通常情况下，如果人与人之间有了亲切感，那彼此之间的吸引力就会增大，影响力也会逐步放大。而幽默恰恰是富含亲和力的，因为它可以引人发笑，当人们在欢笑之余，彼此之间的距离自然就拉近了。

有见识的主管都明白，幽默不仅仅是儿童的把戏，只要自己能让员工们开心起来，跟手下的职员打成一片，公司的生产效率就会大幅度提高，而这是公司发展的原动力。

公司有一个员工经常迟到。主管把这个职员找来，面带笑容地对他说："你经常迟到，应该都是闹钟的问题。所以，我打算给你定制一个人性化的闹钟。"

"人性化的闹钟?"员工听了有些费解,不知道一个闹钟怎样会有"人性化"。

"好吧,我给你具体解释一下。"主管对员工眨了一下眼睛,轻松地说,"它先闹铃,你要是不醒,它就鸣笛;再不醒,它就敲锣;再不醒,就发出爆炸声;还是无效,它就对你喷水。假如这些都叫不醒你,那它就会自动打电话给我帮你请假。"

遇到经常迟到的员工,绝大多数管理者都会给予严厉的批评,而且一次比一次严厉,甚至下达最后通缉令:"再迟到明天就不要来了。"

当然,在进行管理的过程中,批评与责备是不可或缺的,但在某些场合,指责和批评很难取得好的管理效果。正因为如此,这位主管通过幽默的方式侧面给予批评,通过满面的笑容来进行管理,这不仅淡化了批评与责备的意味,保全了对方的自尊,并且达到了管理的目的。从另一方面来说,这种管理往往更容易打动员工,让他自觉、自省,并积极改掉自身的毛病。

卢瑟福有个学生,总是不眠不休地待在实验室里。某天深夜,卢瑟福无意中又在实验室里看到了他。

卢瑟福问道:"这么晚了,你还在这儿做什么?"

"我在工作。"学生满脸得意地回答,很为自己的勤奋感到自豪。

"那你白天都在做什么呢?"

"白天也在工作。"

"那么早上起来呢?"

"当然,教授,我早晨也是在工作。"说到这儿,这名学生越发得意了。

这名学生本以为,接下来老师一定会夸赞他,谁知卢瑟福竟然微笑着说:"请问,你用什么时间来进行思考呢?"

擅长工作的员工，首先会先思考最佳解决方法，努力争取高效率短时间内解决问题。可是，总有个别员工像卢瑟福的学生一样，觉得马不停蹄地工作就可以得到上司的赏识，这是大错特错的。假如我们的公司里就有这样"死脑筋"的员工，我们不必直接劝他休息一下，把精力放在提高工作效率上，而应该学学卢瑟福，用幽默的口气反问对方，让他自己去领悟。这样劝阻的方式既自然、轻松，又富有哲理，很容易让员工在微笑中接纳我们的建议。

领导平时说话幽默风趣，从自己的语言表达中，时刻体现出自己积极乐观的心态，由于这份亲和力，使得领导与下属的关系会越来越融洽，与此相应地，领导的影响力就会越来越大。相反，如果领导说话太严肃，缺乏幽默感，就会使他与下属的关系紧张，这样势必造成彼此之间的心理距离，而这样的心理距离会形成一种心理对抗力，一旦超过了某种限度，会使得上下级的关系变得越来越恶劣。

> 马丽·凯是一家知名的化妆品公司，为了扩大自己公司产品的影响力，马丽·凯女士坚持用自己公司生产的化妆品，同时，她建议公司的员工不要使用其他公司的化妆品。在她看来，她是不能够理解凯迪拉克轿车的推销员开着福特轿车到处游说，人寿保险公司的经理自己不参加保险。不过，她在与员工交流诸如此类的问题时，她较好地使用了"亲和力"。
>
> 有一次，马丽·凯发现一位经理正在使用另外一家公司生产的粉盒以及唇膏。这时，她借机走到那位经理桌旁，微笑着说："老天爷，你在干吗？你不会是在公司使用别的公司的产品吧？"马丽的口气十分轻松，脸上却洋溢着微笑。那位经理的脸红了，急忙放下手中的化妆品，显得很不好意思。过了几天，马丽·凯送给那位经理一套公司的口红和眼影膏，对她说："如果你在使用过程中觉得有什么不适，欢迎你及时告诉我，先谢谢你了。"没过多久，公司所有的新老员工都有了一整套

本公司生产的适合自己的化妆品和护肤品。对此,马丽·凯女士亲自向员工们做了详细的使用示范,同时,她还告诉员工:"以后你们在购买本公司的化妆品时是可以打折的哦。"

马丽·凯极富幽默的语言表达,拉近了她与员工的心理距离,在这一过程中,她向员工成功地灌输了自己正确的经营理念。在工作中,我们经常会听到这样的议论:"我们单位的领导,官虽然只有芝麻那么大,架子倒是摆得不小,其实,他越是这样子,我们就越懒得理他。""你们单位的领导说起话来怎么老是那样子,拿腔拿调,真让人受不了。"

对于说话爱摆架子的领导,下属会心生反感,且不愿意与之亲近。假如领导适时幽默两句,不仅体现了自己的亲和力,而且还拉近了与下属之间的距离。

与员工缺乏沟通,怎么知道他们的想法

一个公司里面,不同岗位的工作标准是该岗位员工的行为指南和考核依据。缺乏工作标准,往往会导致员工的努力方向与公司整体目标、既定发展方向不统一,给人力和物力资源造成浪费。因此,绩效管理的重要任务是防患于未然的沟通。要让下属知道我们要做什么,这样做的目的是什么,神秘感不能让我们树立威信,反而容易让我们的工作举步维艰。

两个天使到一个富有的农场主家借宿。吝啬的富人对他们并不友好,让他们在冰冷的地下室过夜。当晚,年老的天使发现墙上有一个洞,就把那个洞修补好了。年轻的天使感到不解,年长的天使答道:"很多事情并不是你想的那样。"

第二晚，两人到了一个贫穷的农家借宿。这家的夫妇俩对他们非常热情，把仅有的食物拿出来款待他们，又让出自己的床铺给天使。不幸的是，第二天一早，农夫和他的妻子唯一的生活来源——奶牛死了。年轻的天使愤怒地质问年长的天使为什么会这样，"有些事并不像你看上去的样子，"年长的天使答道，"我们在地下室过夜时，我从墙洞看到墙里面有一间密室，里面堆满了为人所不知的财宝，所以我把墙洞填上了。昨天晚上，死神来召唤农夫的妻子，我让他们的奶牛代替了她。"

很多管理者都认为沟通是在绩效管理的反馈阶段才使用的手段，其实绩效沟通恰恰正是绩效管理的核心，是绩效管理过程中耗时最长、最关键，对工作开展最有促进作用、最能产生效果的环节。所以，良好的绩效沟通能够及时排除目标完成过程中的障碍，最大限度地提高绩效。

1. 绩效的计划需要沟通

即使绩效管理还未开始，绩效计划还在谋划当中，管理者与下属之间也应该就即将实施的绩效计划的目标和内容、实现目标所要采取的措施、步骤和方法等进行全方位的沟通交流。只有双方达成共识后，在一致赞同的计划下开展的绩效管理才能顺利高效。

2. 绩效的指导需要沟通

在绩效管理开始执行后，管理者要细心观察员工的一举一动，根据下属的表现，判断所有步骤是否按照计划有序实施，围绕着下属的工作态度、操作方法、操作流程与绩效标准等方面进行沟通指导，如果发现产生偏差，就要让下属及时纠正错误，可以适当鼓励员工的优异表现，以增强其自信心。鼓励员工遇到困难时主动向部门负责人汇报情况，寻求帮助，绩效管理才能持续有效地运行下去。

3. 绩效的考评需要沟通

绩效考评是对员工的综合表现和业绩进行全面地回顾、总结和评估的阶段，这个阶段包含管理者与员工的沟通、交流与信息的反馈，管理者在资料

分析后应该将考评结果及相关的信息反馈给员工本人,通常以面谈的形式来进行,这个前面一节我们已经谈到。绩效考核中的沟通是必不可少的,是为了辅助性地保障员工按照绩效合约进行工作而存在的。

4. 绩效的改进需要沟通

这里的改进指的是主管根据下属的工作反映在绩效中的不足,指导下属改进或提出一些改善的建议,然后针对改进情况进行交流评价,通过辅导帮助员工得到提升。

做足"情"字文章,下属更加感动

大道理讲了一大堆,有时候也不见得会得到理解和认同;用感情说服对方,有时候却很容易让人接受。一般而言,人的思维行动都是由意识控制的,即使他人和外界如何地建议或强迫,也不见得能使其改变。除非真正触及了他的心灵,使其认识到应该怎么做。所以,与人说理,必须在晓之以理、动之以情上下功夫。

亚里士多德曾说过:"说服是通过使听众动感情而产生效果的,因为我们是在痛苦和欢乐,爱和恨的波动中做出不同的决定的。"心理学研究表明,当一个人处于愧疚、自责、害怕、焦虑等情绪中时,会较易接受劝说信息。因此,管理者在与员工说理时,要做足"情"字文章,这样才能达到良好的沟通效果。

有一个国有企业的老总,很会使用感情来打动别人,他曾经成功地留下了一位本已打算离职的技术骨干。当他知道那位骨干要走的时候,就亲自找到那位员工,并在下班后一起吃饭,先是谈心,问他这几年的工作感受,有什么困难等等,然后问他为什么想走。这个经理说自己在这里干了这么多年了,薪水也不高,有个外企挖他,他也想让老婆孩子过得好些。这位老总听后,就"动之以情,晓之以理",讲了很多企业在发展阶段,有很多困难,可能有些待遇方面无法与外企竞争,但企业的确需要像他这样的人才支撑,如果这个企业没有了他们这些人才,可能就有更多的人要下岗、失业。但是这名员工好像并不为所动,去意已定,于是,老总又说:"如果你真的要走,那我们也尊重你的选择。不过目前你的职位短期内无法有人替代,所以希望你能再继续工作三个月,把工作认真地交接一下,培养出一个能够胜任你的人,这样也算是对企业有点回报。另外,如果将来在外面工作的不痛快,还想回来,我们的大门随时向你敞开。"那位员工当时非常感动,于是决定先留下来,最终还是没有走,还升任了副总,在企业里独当一面。

可见,在与下属沟通时,如果能够使用情真意切、入情入理地诱导对方的心理或情感,就很容易使对方信服你所说的话。

1933年吉鸿昌同冯玉祥、方振武等抗日将领依靠苏联的武器支援和集合东北义勇军在张家口宣布成立"察哈尔民众抗日同盟军",到秋天时,吉鸿昌领导的"察绥抗日盟军"遇到了严峻的考验。国民党当局采用卑劣的手段与日伪军相勾结,企图聚歼抗日盟军,以解心头之患。

在这个危急关头,吉鸿昌的有些部下思想开始动摇了,吉鸿昌将这一切都看在了眼里。

一天,平日里不善作画的吉鸿昌突然挥笔画了一幅寒松水墨画。画技虽不算高超,但气势磅礴、雪团如动、松枝欲生。他将这幅画挂在指挥部的墙上,环视手下的各个军官,突然发问:"你们知不知道冬天的察北会是什么样的景象?"

一位军官脱口而出:"那还用问,冰天雪地,满目荒凉。"

"嗯,对,也不对。"吉鸿昌思索了一会儿,又接着说,"兄弟们

要能在察北住上一个冬天就好了,可以实地看一看这里的寒松雪景。"吉鸿昌将目光移向了窗外。

"深秋霜降时节,大风雪一来,百木凋零,寒鸭绝踪,唯能站得住的就是那些青松翠柏。它们喜欢白雪洗面,春风梳头。"说到这儿,吉鸿昌意味深长地看了看大家,接着说道,"它们谁也不会因为别的树木凋落了,而向它们看齐,也不怕暂时的孤独,因为它们坚信明年的春天还要来到的,抗过这严寒的冬天就是胜利!"

说到这里,吉鸿昌更加激昂:"我吉鸿昌不打算跟凋落的百木看齐,而要拜松柏为师。谁要走,我会挽留,留不住,请自便!"

几位军官听到这里,都禁不住打断了他的话头,齐声说:"总指挥,您别说了,我们死也要跟着您!"

吉鸿昌露出欣慰的笑容,他点点头又说:"我们一定要打下去,不仅在察北打下去,只要有吃的,我们在任何地方都要奋斗下去。大家不要感到孤单,因为广大的民众是我们强大的后盾,要相信民众的力量。"

一席话,让大家豁然开朗。

感情最容易打动一个人,"人非草木,孰能无情",人的心情是最容易受他人感染的。每个人都有使命感、责任感。只要我们晓之以理,动之以情,很多问题都可以迎刃而解。

可见,在与下属的沟通过程中,以情动人,往往能在催人泪下的同时,不露痕迹地对员工施加思想影响,使他们不知不觉地接受其建议。这就是情感的力量。

切不可忽视每一位女员工

当今社会女员工的作用越来越大，每一个管理者手下，都可能有一些女性员工。作为一个特殊的群体，她们会给你的工作以巨大帮助，但是我们必须要善于处理她们之间以及我们和她们的关系，也就是要多注意一些沟通的技巧。

某公司的办公室有王先生和刘、吴两位小姐，王先生是刘和吴两位小姐的领导，三人平时工作很好，关系融洽，工作干得不错。一日工作结束，三人相约一起去吃饭。

刘、吴两位小姐性格不同，刘较开放，吴较保守，平时根本不怎么出来。这次一同出来吃饭，一离开工作环境，吴小姐就没话说了，健谈的王先生自然与同样健谈的刘小姐神聊起来，一边的吴小姐简直插不进话来。如果王先生善于调节气氛，谈一些吴小姐感兴趣的事也就好了，但王先生没有注意。被冷落的吴小姐回到家中，她那内向保守的性格开始做怪，不大的事竟然令她一夜未眠。

唉！原来我不如刘小姐啊。不就是学历比我高吗？那顶什么用，我的工作经验比她丰富多了，头儿为什么那天给她一件生日礼物……许多不相干的事情都出来了。

第二天，王先生照常上班，刘小姐也和往常一样，而吴小姐的办公桌上却放着一份辞职申请，王先生和刘小姐感到非常奇怪，他们怎么也没有想到是因为那顿饭。

如果王先生当初注意一下沟通的艺术，照顾一下吴小姐的情绪，就不会

有这种事情出现了。

女人需要付出更多的心思来照料，管人难，管女人更难。女人温柔细腻，情感丰富，往往更容易受到伤害。男人多粗犷，喜怒易形于色，往往看到什么情况，不假思索多说几句，过后也许早就忘了，可女人的联想力是惊人的，几句玩笑话，就会让女人产生无尽的联想并能与许多陈年旧账联系起来。以前的一句话，一个举动，或者一个眼神，都会成为一个个场景，经过一番联想可能就会生出来一大堆事。

女人之间其实也是最爱吃醋的。

所以，如果我们是一个男性领导，和她们的关系就好像是以我们为中心的一个球体，我们和她们一定要保持等距离的交往与沟通，绝对不能和其中任何一个过分接近。虽然，她们中间由于工作性质、个人性格等问题与工作之间的接触可能有些程度差别，这本是不可避免的，但我们还是得小心再小心。

不要当着一个女人提起另一个女人，女人容易和他人比较。如果我们夸奖另一个女人，听者会认为我们喜欢她而不喜欢自己。不仅是夸，连批评都是：如果我们批评她，听者也会认为我们关心她，而不关心自己。总之无论是好话还是坏话，只要提起另一个女人，对我们就没有好处。这样说也许有些耸人听闻，但时刻注意，总会有好处。

女性的情感相对男性而言，比较丰富细腻，也相对脆弱。再加上她们虚荣心较重，很爱面子，一个小小的打击，她们就难以承受。因此，我们在对待女性员工的错误时，不可批评太重，最好是以鼓励为主，不要对她们过于苛刻。

罗杰斯是一家公司的经理，最近由于公司业务比较繁忙，一连几个晚上，公司员工都加班至深夜。忙过一段时间后，最后一晚员工加班时，罗杰斯就对两位女职员说："连续忙这么好几天了，大家都很辛苦。今晚也没什么太要紧的工作，你们就正常下班，回去休息休息吧。"

没想到，马丽当时就哭出声来。她是一个刚到公司不久的女孩子。她这么一哭，搞得罗杰斯不知如何是好。当时的场面别提有多尴尬了。

为什么罗杰斯的关怀反而得到马丽如此的反应呢？

原因就在于罗杰斯只想着体恤女性员工，而完全没注意到要把握她们的心理。他的好意，在马丽看来，一定是以为经理对她们的工作不满意，嫌她们碍手碍脚，才提出让她们回家的。这样她自然觉得委屈，哭鼻子了。

而另一位商场经理，接到几封顾客来信，都是批评商场一位女导购员态度恶劣的。对此，经理没有找来那位女导购当面批评，而是选择在下班时间走到她身边微笑着提出："你对人热情，心直口快，好多同事都说你的笑容最甜。不过有顾客反映跟不上你的节奏，他们好像有怨言，我想这里面肯定存有误会，你说是不是？"

经过这次谈话，那位女导购员自然注意到了平时自己对待顾客的态度，她接受了经理的批评。后来的她，不仅主动热情，而且对于顾客的提问越来越有耐心，再不像以前那么急躁了。

我们对此自然不觉得奇怪，因为任何人都不喜欢听到直率的批评，何况是自尊心很强的女性员工呢？聪明的管理者知道与她们沟通的技巧，对待她们，多夸奖、多鼓励，就能激发她们更多的热情，赢得她们真诚的友谊和支持。

让公司笑成一片，凝聚起最团结的队伍

如果你是一位领导者，就应当注意运用幽默口才，在恰当的时候播撒快

乐的种子。在日本，有一些企业老板会在公司举办员工同乐会的时候，与员工一起参加幽默表演比赛，整个公司笑成一片，借着这样欢乐融融的气氛，建立企业的团队精神。

小田见隔壁邻居养了一只会说话的鹦鹉，十分有趣，就心血来潮也打算养只鹦鹉怡情养性。于是，他来到一家专卖宠物的商店，刚好店里三副鸟笼中各养着一只鹦鹉。他兴冲冲地向店主询问价格，店主热情地告诉他："最右边的这一只鹦鹉会说谢谢、再见、欢迎等简单性的话语，售价1万元。"听完，小田指着中间的一只再次问价，店主笑眯眯地回答："这只可不得了，它除了会说简单的问候话之外，还会唱童歌呢！所以它价值2万元。"小田心想买东西总要精挑细选，何况货比三家不吃亏，于是，他再次向店主询问第三只鹦鹉的价钱，店主说："最后这只鹦鹉卖3万元。"小田觉得奇怪，最后这只又没有什么比较奇特的地方，为什么价钱更贵呢？于是向店主询问原因。只见店主笑了笑说："这只鹦鹉确实是乏善可陈，它没什么本事，可是，据我所知，不知为什么，前面这两只鹦鹉每一次都毕恭毕敬地称它为'老板'！"

这只是一个笑话而已，不过一般说来，大智若愚的老板的确看起来没什么本事，但实际上他的领导艺术却非一般人所能体会。这也许就是所谓的领导力吧。

在任何工作场所，我们都能看见这样的场景：团队成员往往把商业看成维系他们存在的纽带，一旦生意走了下坡路，许多公司都会马上缩小规模、减少员工，甚至更改经营策略。这样日复一日，人心惶惶，工作就会特别被动，难保不出什么问题。在这样的情况下，他们很有可能会选择消极、怀疑的态度，或者干脆拒绝安排。此时，让他们每个人都保持乐观和信心异常重要。所以说，如何让员工保持高度热情的精神状态，而且帮助他们恢复信心，便成为当务之急了。

那如何让个人在任何一种形势下都保持一种高度的工作热情,并继续沿着企业的既定目标前进呢?当员工灰心丧气时,不妨让他们暂停手里的工作,讲些幽默的故事或者诙谐的笑话,逗大家开心一下。这样的效果也许比说服或施加压力更为有效。

笑声为什么有激发人的功效呢?众所周知,笑声能让人感觉良好,但是在特别压抑的工作环境下,压力却是内在的,笑声可以缓解压力、舒缓心情、激发智慧,使人信心百倍。

在企业里,多数员工都不会感受到幽默的作用,但有一家公司,老板有一天身上穿着一件小丑服装,打扮得像一只公鸡,突然闯进办公室,逗得大家哈哈大笑。其实,他并没有做任何事,其目的就是要让大家发笑而已。此时,员工会感到老板用心良苦。

另外,笑声让人保持活力,即使在面对死亡时,也能够大义凛然。在市场竞争中,如果对手要置你于死地,你却大义凛然地面对一切,这样一来,对方就很难使你一败涂地。既然幽默能成为死亡之前的选择,为什么就不能成为我们在面对险境时的选择呢?无论是企业大祸临头,还是个人灾难降临,只要选择笑声就能让人从容不迫。而实际上,形势越是糟糕,笑声就越重要。

  有一位经理对天天见面开电梯的小姐说道:"请尽快把我送到19楼去。"

  小姐为难地说:"对不起,经理,这座大楼只有18层啊。"

  "没关系,"经理充耳不闻地说,"小姐,你尽力而为吧!"小姐先是一愣,然后不禁笑了起来。

故事里这位很有幽默感的经理其实是故意这样说的,他的目的是想让这位工作单调的开电梯的小姐能轻松一下。若有这样的上级,谁会不喜欢接触或不尽力工作呢?其实,只要一点小幽默,就能够融洽上下级关系。当然,

我们有理由认为,这个经理在处理更为重大的事情时,应该是更有能力、更成功的。

与此相反的例子也比比皆是,过于严厉的上级往往会让下属怀恨在心,暗与上级对抗。在生活中经常有这样的事情发生,有的员工往上司茶杯里吐口水,甚至还有人把领导汽车的轮胎扎破……这就是关系紧张的后果。

朗朗的笑声是公司的健康之音,与员工亲密接触的最好方式就是幽默。幽默的效用已经被心理学家们确认为企业员工遇到不测而导致心理忧郁症的最好疗法之一。

每个人都喜欢与机智风趣、谈吐幽默的人交往,谁都不愿和那些动辄与人争吵或者郁郁寡欢、言语乏味的人有交流。幽默,就像是一块磁铁,吸引着大家,它也是一种润滑剂,能让烦恼变为欢畅,让痛苦变成愉快,将尴尬转为融洽。

美国作家马克·吐温平时就特别幽默,有一次他去一个小城,临行前别人告诉他,那里的蚊子非常厉害。到了那个小城,当他在旅店登记房间的时候,一只蚊子正好在马克·吐温眼前来回盘旋,这使得旅店的员工十分尴尬。马克·吐温却满不在乎地对这个员工说:"贵地的蚊子比传说中的不知道聪明多少倍,它竟然会预先看好我的房间号码,以便晚上光顾饱餐一顿。"员工们听了,不禁哈哈大笑。结果,这一晚上,马克·吐温睡得非常香甜。原来,旅馆的全体员工一齐出动,驱赶蚊子,不叫这位博得众人喜爱的作家被"聪明的蚊子"所叮咬。幽默,不但让马克·吐温得到了陌生人的特别关怀,还因此而拥有了一群诚挚的朋友。

另外,幽默还能使人感到亲切,懂得幽默的管理者,能够让下属体会到工作的愉悦与轻松。

作为管理者,你进行管理的目的是为了使自己的下属能够准确、高效地完成工作任务,而轻松的工作气氛则有利于达到这种效果。幽默往往可以使工作气氛变得轻松起来。

如果员工生病了,那正是管理者关心下属的大好时机。如果你在这个时候用言语讽刺,就与正确的管理经验背道而驰了。

很多管理者平常日理万机,每一天的工作时间往往都在8小时以上,人生的黄金岁月大都是在职场中度过的。如果管理者的领导风格不能令员工心悦诚服,那他的管理工作一定不能称心如意,生活亦会快快不乐,而工作目标的完成势必遥遥无期或者大打折扣。如此一来,他的管理生涯岂不显得黯然失色、了无生趣吗?其实管理与娱乐只是一念之差,你可以乐在管理,并且设法用欢乐的气氛感染每一位同事,让管理成为一门轻松的艺术,甚至是一种至高无上的享受。

多与员工沟通,让他们看到我们的真诚

美国著名学者约翰·奈斯比特说过:"未来竞争将是管理的竞争,竞争的焦点在于每个社会组织内部成员之间及其与外部组织的有效沟通。"而日本著名企业家松下幸之助也有一句名言:"伟大的事业需要一颗真诚的心与人沟通。"由此可见,一个企业的领导人能否做到与员工互动沟通,对企业的发展会起到至关重要的决定作用。

李嘉诚从白手起家到创造属于自己的财富神话,其中自然离不开他在投资方面独到的眼光和准确的判断,但也离不开他知人善任,建立精英团队来为公司效力,而他对与员工时常沟通的重视也是一个重要原因。

洪小莲曾经做过李嘉诚的秘书,在回忆过往经历的时候,她说:"如果当年我的老板不是李先生,就没有今日的我。"

那时的洪小莲负责每天为李嘉诚收发文件、接打电话，工作内容非常无聊，为了消遣，她总是利用午饭的时间来关注报纸上的娱乐新闻。有一天李嘉诚回办公室，恰好看到洪小莲在看娱乐新闻，就对她说："你看这些东西是没有用处的，非常浪费时间。"洪小莲心不在焉地应付了几句，等李嘉诚走后，她心里说：我浪费的是我自己的时间，又不是你的，关你什么事？

但是从那以后，李嘉诚一有空闲时间就找洪小莲进行沟通，对公司和社会上的一些事情和她交流看法，并鼓励洪小莲利用业余时间多学点知识，不断提升自己。随着不断沟通，洪小莲也从最开始的抵触变得慢慢接受，于是开始利用下班后的时间进修，最终从一名普通的打工者变成李嘉诚地产王国的高管，而她也被视为香港打工族的传奇典范。

管理是一门高深的艺术，也是一项非常困难的工作，而沟通更是一个管理者所面临的艰巨任务。很多管理者平时习惯于发号施令，缺乏与员工的沟通，这就弱化了员工向心力。一个优秀的团队必然会是一个沟通良好、协调一致的团队，因为团队如果缺乏沟通，队员们就不会达成共识；没有共识，团队成员就会站在不同的立场，为着不同的目的行动，从而影响团队的整体发挥。

美国前总统里根被人们誉为"伟大的沟通者"，他绝对不是浪得虚名。在里根数十年的政治生涯中，他已经深刻体会到与民众沟通的重要性。即使在担任总统期间，他也保持经常阅读选民来信的习惯，并挑出一些信件，利用晚上的时间在家里回复。

克林顿常常利用电信与民众进行面对面交谈，这样做的目的也是想让选民们了解一些自己的想法，而他也能够了解选民的想法。即使他无法解决所有人提出的问题，但是他会亲自出席一些聚会，聆听民众意见，说出他自己的想法，这本身就具有沟通的意义。

其实，里根和克林顿的做法并不是什么创新之举，在一百多年前，林肯就采取了类似的做法。在当时,美国公民能够直接向总统请愿,而林肯在收到公民的信件后,经常会亲自回复请愿者。

美国的这三位总统之所以这么做,是因为他们明白,了解民意是自己作为总统的首要职责,而他们也都很愿意亲自去了解民情,与民众进行沟通。

其实,沟通是每个人都要面对的问题,也是每个人都应该学习的课程。作为一个管理者,只有通过良好的沟通,才能真正创建一个理解互信、高效运作的团队。

第七章 商务沟通技巧：
第一次见面就搞定客户

找到客户软肋,开口一击即中

对于销售人员来说,通常我们会说针对什么样的客户、卖什么样的产品。

我们常说:"好的开头就是成功的一半。"千万不要让客户对我们产生警惕感,这样成功的一半就没有了,我们一张口不到三分钟的时间,第一句话就决定了我们的命运。什么样的产品卖给什么样的人群,所以销售员要对受众群体进行分析,抓住这些消费人群的弱点,比如有些受众比较贪便宜,而有些受众则比较喜欢高档产品。销售员在销售时,一定要用我们的优势直击对方的弱点,这样我们的成交概率就增大。

一个出版社的发行人员向一家大型书店推销一种教学参考书。书店的业务经理听了推销员的介绍后,开口就要订2000套。但这个发行员并未因成交高兴得忘乎所以,他认为这本书今后销售的好坏会影响到这家出版公司以及他本人的声誉。于是,他向书店经理分析道:"据了解,贵市有需要此书的学校为15所,每个学校需要此书的学生为70~80人,每期3个月的培训。因此,3个月内有1 200套就可以了。这个数量既能保证贵店供书,又可避免积压,影响资金周转。"经理听后,将信将疑,但3个月后,这种参考书果然销售一空。相对其他发行员只求书店多订书,而不管书店积压与否,这个发行靠诚信赢得了客户。

此后,这个发行员享受一项特殊的待遇,只要他认为好的书,尽管发货给这家书店,书店照单全收,并且及时结算,从不拖欠。而其他发行员常常面对的不是退货,就是结款不及时。

练武的人都知道人体身上的所有穴位,以至于在关键的时候击中对方要害部位,达到一招制胜的目的。这种方法也适应于推销员的推销工作。

做化妆品直销员的王宏有一次敲开了一位客户的门。当她说明来意以后,客户要关门,说:"我从来不买上门推销的化妆品,你请回吧。"王宏一看这客户不好沟通,本来准备走,突然听见了从客厅传来的钢琴声,她急中生智,说:"您女儿也在学钢琴呢,刚才那一段好像弹错了一点。"

客户一听,知道王宏懂钢琴,就问:"你怎么知道她刚才弹错了?"

"我女儿也在学这一首曲子呢,我天天听,也就听出来了。现在的孩子,真是什么都要学,什么也都难学啊!"这一下子说出了那位客户的心声,马上对王宏说:"是啊,我们挣几个钱也就是为孩子挣啊,说实话,你挣这点钱也不容易啊,还得看别人的脸色。"说到这里,自己突然觉得不好意思了。

"您进屋坐,我们慢慢聊……"

很明显,王宏抓住了客户女儿这一"软肋",从孩子入手,找到了和客户之间的共同话题,产生了共鸣。这样,说服客户购买也就变得更简单了。

现实销售中,很多销售员总是发出这样的疑问:现在的客户怎么了?越来越难对付了,费尽口舌却是白费力,他们根本就无动于衷,甚至有些销售员会气急败坏,诋毁客户。

这里,首先要清楚一点,客户不是用来"对付"的,而是要诚心合作从而达到双赢的。销售员在从事销售行业前,首先就要摆正这一心态,不要认为销售就是简单的一个卖出产品,完成业务量的过程,以这样的心态进行销售工作,是无法搞清楚客户为什么对产品提不起兴趣,自己为什么卖不出产品的。

其实，客户购买产品，有时候不仅仅是为了产品本身带来的某种利益或好处，还有一些其他原因。这些原因是隐性的，需要销售员自己去挖掘，这并不是人们常常说的产品的卖点和买点，而是客户的"软肋"或者"破绽"，只要销售员找出这两点，销售也就更加快捷、简单了。有以下两种方法：

1．避实就虚法

这一方法运用在客户对产品没有表现出很大的兴趣，即使销售员费尽口舌，客户仍然不为所动的情况下。此时，销售员应该避开销售这个敏感的话题，改而和客户聊聊其他事，比如一些家常，但这些话题必须是客户感兴趣的。

要想做到这些，就需要销售员掌握客户的一些信息。同时，还需要销售员掌握客户的心理状况。

另外，还有一种情况，那就是客户对产品感兴趣，对此，销售员可以通过自己的专业知识来帮助客户完成购买，这也是一种避实就虚的方法。

2．围魏救赵法

"围魏救赵"也是孙子兵法的一招。原指战国时齐军用围攻魏国的方法，迫使魏国撤回攻赵部队而使赵国得救。后指袭击敌人后方的据点以迫使进攻之敌撤退的战术。

此招用在应对客户方面，是一种通过从客户身边的人身上下功夫，来影响客户的一种方法，这是一种关系营造法。也就是说，当我们在客户身上无法达到共同意见，从而影响到成交时，可以转移一下眼光，试着在客户的家人、朋友、同事身上花心思，通过营造与这些人的良好关系来影响客户，这种方式常常被使用在公关营销上。

通常情况下，人们对家人的重视程度是比较大的，家人是能影响客户的最重要的因素。比如，我们可以给客户的孩子送礼物，给客户的妻子送化妆品，给客户的父母送保健品等。当然，具体的能影响到客户的因素还是根据

客户具体的情况而定的。

以上方法只是在日常工作当中总结的一些小方法,简单实用。但是,我们不能就把眼光停留在依靠这些方法上,希望以此来取得客户的信任从而取得不错的销售成绩,这是不现实的。销售员要始终记住,客户最关心的永远还是产品能给自己带来的利益和好处。

沟通,首先要让对方听着舒服

沟通是一门艺术,意思相同的话,有时候转变一种说法,就会有不同的效果,有的说法可能让人觉得亲切,易于接受;有的说法则让人觉得生硬,因而不为所动。

在一本讲述销售故事的杂志中看到过这样一段对话:

"您好!我是阳光保险的张航。"

"哦。阳光保险公司,你们公司的推销员昨天才来过。我最讨厌保险了,所以他昨天被我拒绝啦。"

"是吗?不过,我总比昨天那位同事英俊潇洒吧!"

"什么,昨天那个仁兄啊,长得高高的,哈哈,比你好看多了。"

"矮个儿没坏人,再说辣椒是越小越辣的啊。俗话不也说'人越矮,俏姑娘越爱'吗?这句话可不是我发明的啊。"

"哈哈,你这个人真有意思。"

在销售工作中,销售人员要想拥有良好的业绩,一副好口才是必不可少的。范例中的销售员虽然遭到了客户的重重打击,却依然笑容可掬,并幽默地回应了客户的打击,给客户留下了很好的印象。当然,在销售行业中,好口才不是夸夸其谈，说得天花乱坠，而是能够说到客户的心里，能够吸引客户的注意力，刺激其购买欲望。

在销售过程中，尽管销售人员都希望自己能完成交易，可并不是每个人都能做到这一点，其中很大一部分原因就在于口才。相同的情境，采用不同的表述方式往往能够产生截然不同的效果。在说服客户的过程中，实现成交固然是所有销售员的谈判目标，可是如果你说话的方式不够妥当，则往往会事与愿违。说服客户的过程既是销售员与客户实现双赢合作的机会，又是处处充满了勇气与智慧的较量，在这个过程中能否说出让客户和自己都舒服的话往往直接决定着销售的成败。只是反复强调一种商品的优点，未必能发挥太大的作用。而详细、生动、准确地描述，才是引导客户购买商品的关键。下面有两种说法：

"这种传真机外形也好，速度也快，现在已经达到12秒了，您买了绝对不会后悔。"

"使用这种传真机，每传送一张，在市内可以节省××元的费用，在市外则可以节省××元。"

第一种说法固然没错，也提到了商品的好处，但是泛泛而谈，而最后一句话有点强迫的意味，容易让客户反感。第二种说法用实实在在的数据说明了产品的具体优点，更让人信服。

可见，要想做一名优秀的销售员，必须拥有一副好口才，采取让双方都感到舒服的说话方式。只有这样，才能打开与客户沟通的大门，彼此产生共鸣，在融洽的谈话中实现成交。那么，销售员在说话的时候，应该注意什么呢？

1．说话要简洁

简洁明了地说话，是每一个销售人员必须学会的，也是对一个销售人员的基本要求。专业术语冗长、滔滔不绝、口若悬河都会被客户反感。所以，在沟通时，销售员应该尽可能用较短的时间，简单明了、干净利落地把比较重要的信息传达给客户，要会根据需要将产品的有效信息用最简洁的话表达

出来，放慢语速，甚至停顿，有效地"牵"住客户的思维。

2．语言要生动

语言的魅力是无穷的，语言本身就是艺术，如何说能让客户接受并喜欢的话，是销售人员必须学会的。这样，才能发现客户需求、刺激客户购买欲望并说服其购买。能够打动客户的语言一般包括如下特征：

活泼新颖、容易勾勒出产品相关信息。

易于使人产生愉快的联想并容易被记住。

易于使人觉得舒服和可信，容易被说服。

3．别忘了幽默

无疑，爽朗和幽默的人很容易打开别人的心扉，能交到更多的朋友。对于客户来说，销售员完全是陌生人，如果销售员能主动敞开心扉，谈吐风趣的话，便能很容易打开销售局面，进而展开销售工作。范例中的销售员就是采取这样的方法给客户留下了好印象。

4．多谈平常事

很多时候，让一些销售员奇怪的是，为什么自己在脑子里苦苦地搜索，找了一些怪诞的奇闻、惊心动魄的事件来与客户交流，但客户却并不是很感兴趣呢？是的，每个人都爱听奇闻轶事，但却更加愿意和朋友们谈一些有关日常生活的普通话题。

在交谈中，你可以问及客户的职业、家人及宠物，只要客户认为你是有诚意，他必然乐于与你交谈。聊家常事更容易拉近你与客户间的距离。

5．说话要大方

客户是上帝，但客户与你在人格上是平等的，我们要不卑不亢地和客户交谈，我们要记住，我们的目的是达成销售。因此，在说话时凝视对方的眼睛，大大方方，才能表现出我们的内在风采。如果我们在与客户交谈时不能平视对方的眼睛，视线太低，不免被人轻视，视线太高，又显得过于傲慢。

总之，在与不同的客户谈话时，我们都应当认真地选用让双方都舒服的说话方式进行表达。另外，"投其所好"能够引起对方与我们交谈的意愿。

善于交际、能言善道的人，往往在与对方接触的前30秒，就能找到双方都感兴趣的话题，引发彼此交谈的兴致，尽快与对方建立起友好的关系，从而能够顺利交易。

多套套近乎，发挥"自己人效应"

"套近乎效应"在沟通中运用得非常广泛，也很有效。通过套近乎，把对方跟自己归为同一类，在无形中就拉近了彼此的距离。让对方对自己产生亲切感和信任感，这么一来，凡事都好说话。

在跟人打交道时，如果能通过各种手段让对方把我们当作"自己人"，必然会降低对方的防备心理，达到我们的目的。

林苗苗是一家服装店的销售人员，人好嘴甜，是一个业绩非常优秀的员工。很多人都认为她长得漂亮就是优势，所以卖衣服很顺利。

每次听到这些，林苗苗只是淡淡一笑，不作回应。

后来，朋友也问苗苗，她才道出了其中的奥秘。

"很多人在买衣服时，都会把销售人员当成讨价还价的'敌人'，跟你狠狠讨价。如果你能跟他们成为统一战线的人，那么机会就来了。"

苗苗说，之前她接待过一个跟她年龄相仿的女客户，说话非常刻薄，很多人都不愿意接待她。

"你们店里的衣服怎么这么贵啊？孩子的衣服而已。"女人很不友好。

"现在孩子的衣服就是比较贵，我女儿跟你家孩子差不多，上个月

我也给她买了这件。"苗苗这么一说,女人没再反驳。

"我女儿说这个牌子的衣服比较舒服,每次上体育课总穿这件。为了她好,我总给她买这个牌子的衣服。"

女人一听苗苗感同身受的话,立刻就降低了心理防备,开始跟苗苗说心里话:"谁说不是啊,现在的孩子对衣服很挑剔,一定要买舒服的。"

"对,我也这么认为,我给女儿买了之后她可高兴了,看到她高兴我也开心。"

就这样苗苗跟女人成为了"自己人",苗苗又介绍了一些衣服的好处之后,女人二话没说就买了。

你把顾客当成自己人,他们就会信任你,做起销售工作就无往不胜了。林苗苗把"自己人效应"运用得得心应手,工作自然也就越做越顺利。

事实上"套套近乎"是"自己人效应"的重要体现,它指的是把自己跟对方归结为一类人,变成"同体观"的人。

在跟别人交往时,往往关系越亲密,自己的观念、立场就越容易被对方接受。如果让对方感觉你是自己人,就算是请对方帮忙,对方也会乐意。

这种说法不难理解,就好比我们都愿意跟喜欢的人交往,就算他有缺点也能适当包容;而反过来如果对方是你心里非常排斥、感觉陌生的人,你在无意识中就树起了防备意识,根本不愿意有过多往来,更别提相互帮助了。

"自己人效应"独有的特征,是在某种特定环境中产生的。它具有可亲近性、平等性、相似性或互补性等特征。在空间环境中接触的次数多,彼此熟悉,就容易互生好感;性格相似、爱好相同也可以拉近彼此的距离;双方的需求、期望有关联,也是"自己人"的特征。

这种效应在生活中的运用也非常广泛,在交际中,很多人不知不觉都会用到,迅速拉近了彼此的关系,得到他人的信任,获得了自己想要的利益。

特别是有求于人时，套近乎可以说是必要的方法，找到共同体，才能打破别人的心理防线，才能有事好商量。

套近乎的作用很强大，如果懂得合理运用，"敌人"也能变成"朋友"。如果你能发挥自己的实力，巧妙地运用"自己人效应"，肯定会打动人心，成为别人心目中的"自己人"。

看到这里，相信很多人都特别想知道，具体要如何做才能套好近乎？如何才能成为别人眼里的"自己人"？

在日常生活中，我们不难发现，大家很容易把那些跟自己有共同点的人当作自己人。所以，在跟人交际时，首先要善于寻找彼此的共同点，让彼此有共同话题，这样才会为进一步的发展奠定良好的基础。

只要勇于交流，肯定会找到对方跟自己的相似之处，人生观、价值观、个人喜好、处世态度等总有相似之处。在交流中要深刻强调共同之处，要多用"我们"，如此，对方才更容易被打动。

当然相似之处通常不是一次见面就能够发现的，可以多创造见面机会，这样才能更好地发现。

除了多寻找共同点，最主要的是要懂得肯定对方、理解对方，从而建立起情感上的共鸣。

陈芳是个刚毕业的学生，一毕业就在某家设计公司当了业务代表，她第一次去会见客户时非常紧张，自己一点经验也没有，怎么能完成任务呢？

在交谈过程中，她非常紧张，显然客户对她很不满意，一直在看手表，随时都有离开的意思。

后来，客户随口说了一句女儿的早恋问题，表示很头疼。陈芳忽然灵机一动，知道了要跟对方说什么。

"您的问题我也深感理解，我妹妹现在上高中，也开始早恋了。

我妈妈知道了非常头疼,都动手打她了还是没用,两个人的关系可紧张了。"陈芳说得跟真的一样,其实她没有妹妹,只是想对客户的情绪表示理解和肯定,是跟对方在套近乎。

事实证明,陈芳的做法是对的,客户没想到陈芳这么理解她,就开始大吐苦水,说了很多女儿的问题,两个人越说越投机,最后陈芳赢得了客户的信赖,成功完成了任务。

客户离开时,还跟陈芳保证,大家都是"自己人",如果再有业务,一定会优先找她。

陈芳通过诉说自己相同的"经历",表达了对客户心情的理解和认同,一下子拉近了彼此的心理距离,慢慢地,对方就把她当作了"自己人"。

当然,要想让套近乎的话变得有感染力也不是件简单的事,我们要从心里对别人的话感兴趣,只有感兴趣,别人才会感到真诚,对我们的好感才会油然而生。总之,在人际交往中,想要别人信赖你,把我们当作自己人,就必须表现出真诚,否则就很难取得真正的效果。

学会与人套近乎会让别人对我们的态度更友好,会对我们的话更加信赖。同样的一个道理,也许被别人讲出来对方会生气,但被"自己人"说出来更让人感觉容易接受。这就是典型的"自己人效应"。

所以,在人际交往中,不仅要有聪明智慧,还要善于套近乎,发挥"自己人效应",成为有影响力和受欢迎的人,从而更好地获得利益。

激起客户欲望,沟通才能渐入佳境

没有欲望的人是绝对不会被打动的,正因为如此,要想销售取得成功,成功说服对方，首先必须使他们自身产生相应的欲望。

优秀的推销员绝非一上来就说"请买这个产品"，有经验的销售员也不会一上来就要求得到对方的定论。他们会先与客户进行日常谈话，显出一副没有任何企图的样子，从轻松的谈话中找到对方的心理燃点，慢慢点燃对方心中的欲望之火。激发他人的欲望的奥秘在于，偷偷潜入对方的欲求之中。

> 佳佳是某商场化妆品的销售主管，管理多个化妆品品牌。一些化妆品专柜的销售人员希望佳佳能够给予自己品牌更多的支持，因此经常送给佳佳一些化妆品小样。一开始，佳佳会使用这些小样，后来收到的小样越来越多，佳佳想："为何不把这些小样放到网上卖呢？"可是她每天的工作内容满满的，根本没时间照料网店。当佳佳了解到同学小倩从事行政助理工作，较为清闲时，她决定说服小倩开个网店，帮助她销售化妆品小样。佳佳知道小倩一贯做事谨慎，不会轻易答应的，但她仍然决定试一试。
>
> 接下来的日子里，佳佳连续几次送给小倩化妆品小样，并且每次都会告诉小倩这些化妆品很贵，如果把这些小样卖出去，也是一笔不小的收入。小倩也表示认同这一想法。过了一段时间，佳佳觉得时机成熟了，就向小倩提出合伙开网店的想法。可小倩仍然不太愿意，佳佳就告诉她，化妆品小样很受欢迎，这个网店肯定能赚钱，闲着就是浪费时间，等等。
>
> 小倩经过一番考虑，觉得这的确是个利用业余时间赚钱的好办法，就答应了佳佳的提议。

在这个事例中，佳佳之所以说服了做事谨慎的小倩合伙开网店，就是因为佳佳一步步地激发了小倩利用闲暇时间赚钱的欲望。当小倩渴望一边打发无聊时间一边赚点外快时，她就会同意开网店的提议。

值得注意的是，激发他人的欲望一般很难做到"一触即发"，说服者需要具备一定的耐心，要能沉得住气，并且要能够承受激发对方欲望所带来的时间成本和经济成本。

此外，在通过激发欲望说服他人之前，说服者要对说服成本和效果进行评估，确保成功说服后所得到的回报的价值超出说服过程中的付出。如果结果相反，那么采取这种说服策略就是得不偿失的了。因此，只有具备了一定的承受能力，这种说服方法才能被成功运用。

激发欲望的一种很常见的方式就是引起他人的好奇心。每个人或多或少都会有猎奇心理，对难以获得的东西充满向往，想要看个究竟，好奇心非常大。正因为如此，一个哪怕毫无意义的事物只要能引起人们的好奇心，人们也急于了解它。

因此，当想要争取他人的同意或者想和他人商量某事时，不妨采取"卖关子"的方式，故作神秘引而不发，引起他人的好奇心，进而使对方主动对我们所说的内容产生兴趣，再趁此时机提出我们的意见，说服对方便可水到渠成。

王工程师想换装一个新式的测量表，但他了解工地工头非常固执，不愿意接受新生事物，每次提出关于变动的计划，都被他否定了，这次更换测量表的建议肯定还会被他驳回，那么怎样才能使工头同意自己的提议呢？

一天，王工程师把新式测量表放在衣兜里，手里拿着一些要征求意见的文件来到工地。当大家正在讨论文件上的事宜时，王工程师把那个新式测量表从衣兜里掏出来看了看，然后又放进去，前后重复了几次这一动作。这时候工头终于按捺不住自己的好奇心了，问道："王工，你兜里放着什么东西？"

王工程师淡淡地回答："这个啊，就是个测量表。"

工头进一步询问道："什么测量表啊？拿出来让我看看！"

王工程师故作神秘："我看啊，你还是不要看比较好。"他一边假装要离开，一边补充说，"这个是给别的部门用的，我看你们用不着它。"

王工程师越是表现出不想给工头看测量表，工头就越是想对这个测量表了解个究竟。听了这话，工头开始琢磨："别人能用的东西，为什么我们用不着呢？"于是他来到王工程师面前请求道："给我看看吧，我很想知道这个表有什么不一样。"

当工头打量这个新式测量表时，王工程师假装随意地把其优点讲给工头听。过了一会儿，工头着急地喊起来："我们怎么用不着这个啊？我一直在找这个东西呢！"王工程师听后表现出很无奈的样子，实际上他暗自笑了，他的目的就这样轻松达到了。

生活中往往会遇到一些固执的说服对象，他们不愿意听取他人的意见，习惯借反对他人来树立自己的权威。面对这样的人，直接的劝说恐怕无济于事，甚至还会使对方产生抵触心理，这时候引发好奇心的说服方式便可以派上用场。引起对方好奇心的说服方式，需要先做出一些无意识的小动作，当对方的好奇心被激发之后，再慢慢进入说服主题。

当然，激发他人欲望的说服策略在实施过程中，应根据不同的说服对象进行具体分析，基本的说服方式有以下几种：

1. 暗示好处或者可以避免坏处

如说服已经有一台电视机的家庭购买电视机，不妨这样说："只有一台电视机，两个孩子不会抢吗？再有一台的话就不存在这个问题了。"或者说："夫妻俩为抢遥控器而吵架，多没意思啊。"大部分人想到一件商品如果能够帮助避免家庭矛盾，都会同意购买。只有当人们认识到按你所说的去做可以得到好处或者可以避免坏处时，人们才能对此产生欲望，这时候再劝

说就轻松多了。

2．故作悬念

当人们发现自己对某件事物还有不了解、没看到的地方，就会对事物未知的部分持有一种急切期待的心情。说服者可以通过故意掩盖事物的某一部分，或者制造某种悬疑来激发对方的好奇心。一旦人们对某件事物好奇，便会开始渴望这一事物了。

3．欲擒故纵，假装不让对方得到

在案例中，王工程师想要工头使用新式测量表，但他告诉对方"你们部门用不到"，他越是这么说，工头就越想要。原因是这种"得不到""不给你"的东西，往往具备极大的吸引力。

4．制造限制条件

我们去商场购物，当听到销售员说"这是全球限量版"的时候，神经不由得就会紧绷一下，因为限制条件的出现，激发了我们拥有稀世之品的欲望。

沟通时，不给对方说"不"的机会

当我们跟他人讨论的时候，不要一开始就谈论双方有分歧的事，而要先谈论双方意见一致的事。我们不妨告诉对方，双方的目标是一致的，只是方法不同而已。

如果可能的话，我们要使对方在一开始的时候就说"是"，尽量防止对方说"不"。哈里·欧弗斯屈特教授写过《影响人类的行为》一书，书中说：沟通的时候，千万不要给对方机会说"不"字。一个"不"造成的障碍将阻挡你们的讨论，导致你们的讨论无法继续下去。因为当一个人说出

"不"字后，为了他自己的人格尊严，他就不得不坚持到底。虽然事后他或许会觉得自己说"不"是错误的，可是他会继续说"不"，这不是为了真理，而是为了尊严。所以，我们在与人打交道的时候，要想办法让对方一开始就作出肯定的表示。否则，我们会追悔莫及。

大多数人都具有这样的心理状态，当说出"不"字后，潜意识里就会形成一个拒绝的意念，潜意识的意念会导致自己对后续的谈话仍然说"不"。反过来也是如此，当说出"是"字后，潜意识里就会形成一个肯定的、接受的意念，对后续的谈话，反应也就是"是"了。

懂得沟通技巧的人，开始的时候就能得到"是"的回答。这样，他就能引导对方的心理，掌控整个谈话的局面，最终得到自己想要的结果。

> 艾里是一位发动机推销员，他负责的区域内有一家工厂是其潜在客户。艾里连续3年向这家公司推销发动机，这家公司最终买了几台。艾里很高兴，因为他觉得，既然有了开始，以后就会继续交往下去。不过，仅仅3个星期后就出现了麻烦，公司来电话说不再买艾里的发动机了。
>
> 艾里对自己推销的产品很了解，知道不会是发动机有故障。但是为什么对方会不满意呢？他很快赶到了那家公司。
>
> 接待艾里的是那家公司的总工程师。总工程师说："你们的发动机太热了，我把手放在上面烫死了。"
>
> 艾里愣了一下，这算什么问题呢？发动机很烫是很正常的啊，更何况是在工厂里面，工厂的室温本来就很高。可是该怎么处理呢？如果直接和对方争论，那肯定毫无益处。于是，艾里恰当地采用了让对方说"是"的技巧。
>
> 艾里说："的确，如果发动机实在太热，我也建议你不要再用了。不过，你这里应该有一种发动机，它的温度符合国家标准。对吧？"
>
> 总工程师完全同意，艾里得到了第一个"是"。

艾里又说:"国家标准的规定中,发动机的温度可以高出室温72华氏度,对吧?"

总工程师回答:"是的。不过你们的发动机温度可是远远高于这个。"艾里没有和他争辩发动机的温度,而是继续问道:"你们工厂的室温是多少?"

总工程师想了想,说:"大概是75华氏度。"

艾里说:"对啊。工厂的室温是75华氏度,发动机可以高出室温72华氏度,也就是说,你的手摸到的是147华氏度的高温。如果你把手放在这么高温度的东西上面,会不会感觉很烫呢?"

总工程师想了想,说:"是的。147华氏度,肯定很烫。"

艾里说:"那我建议你不要把手放在发动机上,好吗?"

总工程师承认:"你说得挺有道理的。"

几个月过后,那家公司又从艾里那里买了些发动机。

由此我们也可以看出,设计一连串让对方点头称是的问题是非常关键的。也就是说,我们可以通过提出引起对方兴趣和注意的问题,在说服中主导谈话的方向,从而左右说服的结果。

吴迪喜欢狩猎,不过之前他从不买弓箭设备,都是用租赁的方式。一天,他又打电话到之前他经常租赁弓箭的商店。店员告诉他,店里不再提供租赁服务了,需要的话只能购买。

吴迪只好打电话到别的店里询问。有一家接电话的是一位男士。

其实现在所有的店都不再租赁弓箭,都改为出售了。但这位男士并没有直接说,而是问:"请问你以前都是租赁弓箭吗?"

吴迪回答:"是。"

男士接着问:"请问你以前租用全套设备一次得花费25～30美

元吗?"

吴迪回忆了一下说:"是的,基本上就是这个价格。"

男士又问:"请问你平常是不是很节约?"

吴迪回答:"当然是,那还用说。"

男士告诉吴迪:"先生,现在基本上所有的商店都不再出租,而改为出售的方式了。我们店里正好有一套特价弓箭,包括所有的配件总共只需要32美元。建议你购买一套,这样你就不用每次都花30美元去租了,这样更划算一些。"

吴迪略一思索就答应了,放下电话就前往那家店。吴迪不但买了一套近百美元的弓箭,还购买了很多其他配件。同时,吴迪还成了该店的忠实客户。

说"是"也会上瘾?正如欧弗斯屈特所论证的那样,我们让一个人开始就做出肯定的回答,接下来他也会倾向于做出肯定的回答。这也可以说是语言的惯性。不过需要注意的是,说"不"也是会上瘾的。我们要得到对方的"是",就要让对方习惯说"是",这就是成功的秘诀。

那么,如何做到让他人不断对我们点头称是呢?

1. 通过点出对方的可获利之处,让他人自愿认同我们

凡是人们做出肯定答复的时候,都是因为看到了自己的利益。为什么有些人能够很快与他人达成合作,就是因为他们的言行总是能够从对方的需求角度出发。事实上,当人们自愿说出"是"的时候,人们只是赞同自己的利益而已。在这种情况之下,千方百计地解释自己的观点和看法,对于说服对方而言是无济于事的。所以说,能够恰如其分地为对方点出他的可获利之处,才是明智之举。

2. 重复他人说过的话,让他人感觉到我们与他步调一致

有人认为重复他人的话会埋没自己的个性,丝毫不利于说服活动的进

行。其实不然，这样做一方面可以让对方体会到我们与他步调一致从而对我们产生好感；另一方面也是为自己在进行恰当的反击之前赢得思考时间。

3．设计诱导性提问

通过诱导性的提问可以打开对方的思路，并引导对方接受自己的观点。像前文艾里那样，设计一系列合乎逻辑的问题，逐步引导工程师走出思维的误区，最终认同自己的观点。

对于说服者来说也是如此，从一开始就让对方说"是"，而不说"不"，让对方不断地肯定我们的意见，对方就会逐渐地认同我们的思维模式。如此一来，我们就相当于有了极大的胜算。

喋喋不休地沟通，只能适得其反

有些不知道什么时候该停止讲话的人往往会把人逼疯！如果我们想成为一位高效的销售人员，就必须知道何时停止劝说。不论是在销售还是商务沟通中，说服者常常因为不知道什么时候闭上嘴，而把事情搞得一团糟。

苏格兰著名辩护律师弗朗西斯·威尔曼曾说过这样一段话："当你发现石油的时候，要马上停止钻探；许多人因为钻探得过深过透，石油由地底冲天而出！"

与很多事情一样，说服成功的关键也在于一个度的问题。有时候，我们想说服对方，如想让买方购买自己的东西，卖方的确必须制造一种紧迫感，以使买方尽快采取购买行动。但是，如果我们不懂得把握分寸，总是一个劲地催促，不知道适时停止，不能理解对方的细微反应，那么很可能因为催促力度过大，对方会本能地退缩回去。

成功的销售人员善于拿捏说服的分寸，尊重客户的智慧；而糟糕的销售人员大多存在过度劝说的问题，他们低估了客户的认知能力。

由此可见，我们必须在开口之前仔细思考我们要说的话会产生什么影响，在每句话说出之后留心观察对方的细微反应，说话的时候注意适当的停顿，给双方都留出思考和消化的时间。很多人忽视审查对方的想法，只管按照自己的意愿侃侃而谈，口舌废了不少，却收不到任何效果。

马丽是某咨询公司职员，负责业务开发工作。她最大的优点就是做事有恒心有毅力，因此她的业绩一直很好。

有一次，她接待了一个印度公司转介到中国公司的客户，印度公司在转介的时候，特别向马丽强调这个客户是一个虔诚的佛教徒，但马丽却不以为意。在洽谈的过程中，双方因合同中的付款方式存在微小异议，而暂时中断洽谈。

事后，急于求成的马丽不断寻找各种机会说服对方同意公司的付款方式，她不仅通过电话、邮件等方式，甚至在印度客户去寺庙祈福的时候，仍然站在客户旁边不停地解释公司为什么有这样的付款要求，希望客户能够签约。没想到，客户从寺庙出来后，对马丽非常生气，指责她破坏了寺庙神圣的氛围，立即终止了谈判，这笔业务就这样以失败告终。

坚持是一把双刃剑，说服中不能缺少坚持，然而把握不好坚持的尺度反而会起到相反的作用。马丽怎么也没想到，自己的坚持竟然成了导致失败的最大因素。

那么，如何把持好说服的尺度呢？

学会察言观色，认识必须停止说服的信号。

心理学研究表明，人的内心活动通常有70%会直接表现在面部表情和肢体语言上。如果我们观察到对方做出以下行为时，就应当到此为止：

1．咬嘴唇或用手指摸嘴唇

当人们做出这样的行动，说明已经产生厌倦或抵触，如果继续劝说，只会给对方造成反感。

2．做到张弛有度

橡皮筋绷太紧就会断，同样道理，如果一直给对方施压，对方很可能在短时间内承受不了从而产生逆反心理，这对说服的推进是相当不利的。因此，在说服过程中一定要根据对方的反应，随时调整说服的进度和强度，不能松懈，也不能一味地猛攻。

3．说服尺度因人而异

有些人喜欢听别人的指点和批评，那么说服者应该耐下性子逐步加深说服的程度；相反，有些人比较有主见，说服者只要做到点到为止即可，不必做过多过深的解释。换言之，说服到什么程度取决于说服对象。

把握好说服的尺度，不仅体现在根据他人的反应作出说服调整上，也体现在主动制造停歇上。

我们经常可以看到，当交涉陷入困境时，头脑灵活的人往往会趁机说一句"今天暂且到这里，下次再继续"，让双方都能获得喘息。试想一下，如果双方都互不相让，固执己见，那么结果只能是无休止地争论下去，浪费了时间，却毫无效果。为此，不妨主动提出停止交涉，让双方的头脑获得"冷却"时间，也许大家冷静下来之后，事情就能获得转机了。

永远都要记住：说服不能靠强迫。有时，三两分钟的休息、一个"跑题"的小插曲、一个暂缓的提议、一次"请再考虑考虑"的提醒，也能起到事半功倍的说服效果。但请注意，停下说服的脚步并不意味着无限期地拖延，这只是暂时的休息，说服者时时刻刻都要把握好"适度"这把良尺。

了解客户内心，才可手到擒来

销售界有一个著名的案例：

某售楼小姐带一对老夫妻去看一幢老房子。走进院子时，细心的售楼小姐注意到老太太很兴奋地对老先生说："你看那棵樱桃树多漂亮啊！"老先生则示意她"闭嘴"。

正所谓"褒贬是买主"，刚走进客厅，老夫妻就开始抱怨客厅的地板太陈旧，售楼小姐赶紧对他们说："是啊，这间客厅的地板是有些陈旧，但这幢房子的最大优点，就是当你从这间客厅向窗外望去时，可以看到那棵非常漂亮的樱桃树。"来到厨房，老夫妻又开始抱怨厨房设备太陈旧，售楼小姐又说："是啊，但是当你在做晚餐的时候，从厨房向窗外望去，可以看到那棵美丽的樱桃树。"

就这样，无论老夫妻说那套房子哪儿不好，售楼小姐始终都是说："是啊，这幢房子是有许多缺点，但它有一个优点是其他房子所没有的，那就是您从任何一个房间的窗户向外望去，都可以看到那棵非常漂亮的樱桃树。"结果在售楼小姐不断强调下，这对老夫妻所有的注意力都集中在那棵漂亮的樱桃树上，最后这对夫妻花了200万元买了那棵"樱桃树"。

很明显，这个故事强调的是观察能力。都说"好人出在嘴上，好马出在腿上"，其实嘴巴不过是个发声工具而已，嘴巴怎么说，说得怎么样，完全取决于一个人的大脑是否强大。而强大的大脑，首先得益于一双锐利的

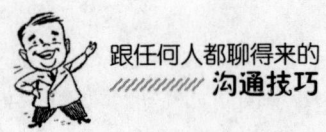

眼睛，毕竟人类有90%的信息是通过眼睛观察得来的。换言之，眼力不佳，人生成功的机率大概只有10%左右，而这个概率，基本上等同于瞎猫等待死耗子。

兵法有云：知彼知己，百战不殆。在不知彼的情况下盲目作战，战斗力再强，也可能会导致全军覆没；在不了解对方心理的情况下试图说服对方，说服力再强，又将从何说起呢？

从这一点上来看，眼力其实决定了口才。

眼力不等于视力，它是观察能力和分析能力的高度整合。一个人可能老眼昏花，但这丝毫不影响他的眼力。同样，一个人可能视力超好，当飞行员都没问题，却往往看不透一个坐在他面前仅仅三尺的人。说来真有点儿对不起自己那双明亮的眼睛。

这是个流传范围广又比较经典的案例：

一家公司招聘营销员，主考官出了一道题目：把梳子卖给和尚。

来应聘的人都认为这简直就是开玩笑，但是有三个人却留下来迎接挑战。主考官以十日为限，检查销售业绩。第一位销售人员把梳子卖给和尚遭到痛斥，却在下山时见到小和尚挠头，于是劝其购买，遂卖出一把。第二位上山正好风大，游客头发被吹乱，他找到寺院住持，劝说住持购买梳子，供香客梳理头发使用，免得风大时蓬头垢面，对佛祖不敬。于是住持同意购买十把梳子，供全寺十座庙宇香客使用。最后一位则卖出了1000把梳子，考官惊讶不已。原来，他是动员了住持购买梳子并命名"积善梳"，作为赠品赠给香客，这样寺庙的香火会更旺。

这位销售人员不但成功把梳子卖给了和尚，而且开发了潜在的市场。我们发现，营销并不仅仅是和客户搞好关系，更重要的是发掘里面存在的"食物链"，了解客户的内心。

如果面对的事情非常复杂，难以理清头绪的时候，我们可以采用解剖法。思维操控要遵循一个原则：化繁为简。如果我们深入分析后，依然发现根本无法理清事情的头绪，那么一定是对事物内部联系认识不清。任何复杂的难题，就像和尚与梳子存在的内在联系，不是表层的，我们可以深入、扩大，也可以浅出、缩小，在弹性原则下看关系的本质。可以这样说，读懂别人是说服别人的前提，起码我们要搞清楚对方真实的需求，或者更加深入一步挖掘潜在的需求。世界上没有说不服的人，只有看不懂的人、读不懂的心。

第八章 谈判桌前,会沟通才是王道

成功的沟通是尽可能地让对方多说话

在谈判过程中，谁先开口说话，谁说的话比较多，谁就有可能处于被动的位置。俗话说："商场如战场。"在谈判桌上，为了避免受到对手的攻击，人们总是千方百计地遮掩自己内心真正的想法，而"紧闭嘴巴"则成为了掩盖自己心理的有效方法之一。试想，若是什么都不说，对方就不知道自己在想什么，自然是胜券在握。反之，谁说的话比较多，他暴露出来的信息就比较多，当然，他就只能处于被动位置了。因此，为了自己能占据主动位置，应该让对方先开口。更为关键的是，只有让对方先开口，我们才能探得一些信息，在接下来的谈话中，我们也才能句句击中其心里。

李先生的公司出了些问题，需要找理赔公司赔偿。之前，很多有经验的交涉专家提醒他，那些理赔员往往都能说会道，擅长打心理仗。如果不懂交涉方法，很容易吃亏。李先生的一个好朋友给他出了个主意，说保证能让他获得最大价值的赔款。

第二天，理赔员来了，一进门就对李先生说："先生，我们公司派人了解了您的情况，但估计赔偿额不会太高，毕竟规定在这里，我们也不能违背。"

李先生低着头深思，一言不发。

过了一会儿，理赔员沉不住气了，开口道："我们公司最多赔偿您2000元，这是规定。"

李先生露出不可思议的神情，看了理赔员好一会儿后才说："你这

个价钱我接受不了。"

理赔员佯装为难地叹了口气，说："2500如何？再多我就做不了主了。"

这下，李先生更沉默了，一个字也不说。

理赔员有点儿慌了，开始反思自己是不是给得太少了。

"那……那给您3000怎么样？这个价您可以接受了吧？"

李先生犹豫了好一会儿，才慢悠悠开口："我真不知道，现在居然还有这个价格。"

理赔员一下子就泄了气，暗忖自己遇到了谈判高手。

"那3500吧，这个是目前最大额度的赔偿了。"

"是最大的吗？我觉得不是吧。"李先生又陷入了沉默，好像在盘算什么。

"先生，您到底是怎么想的？您能不能不要总是沉默？您到底想要多少？"理赔员完全失去了冷静，但李先生还是不说。

"3800元，如果这也不行，我就再也无法跟您交谈了，很抱歉。"这才是目前理赔公司最大的理赔金额。

"好吧，这个还可以，我可以接受。"就这样李先生一直让对方说话，逼迫理赔员亮出了底牌，让自己得到了最大的收益。

在交际时，我们难免遇到交涉高手，如果不懂如何让对方先开口，而是我们先滔滔不绝，就很容易把自己的底细和弱点全部暴露给对方，如此必然会成为被动的一方。事实证明，在我们不知道对方的底牌时，保持沉默，让对方先开口是最好的选择。

那么在跟人交际时要怎样做才能让对方先开口呢？其实不难，我们可以沉默，但一定要表现得自信满满，让人感觉到我们内心的自信和强大。

张小利在一家科技开发公司工作，他的一项发明又获得了专利，很多公司都来跟他谈收购价格。张小利思考良久，找到了一家不错的公司。

"张小利先生，我们公司很想购买你的专利，你出个价吧。"谈判人员想让张小利主动开口。

张小利想了想，说："我的发明有非常大的发展前景，如果你们公司得到了，相信会获得很大的利润。"

说完之后，张小利不再言语，他自信满满又坦然地看着谈判人员。几分钟过去了，张小利依然没有要开口的意思。

谈判人员按捺不住，率先开口："我们给你40万美元怎么样？"

张小利一听，顿时心花怒放，这比他预计的价格高了10倍不止，他连忙点头答应，跟对方签订了合同。

张小利对自己的专利充满信心，把发明的价值说完后，就开始沉默，把亮出底牌的机会让给了对方。也正是因为这种坦然、自信的沉默，让谈判人员相信了专利的价值。

如果在谈判中，感觉非常紧张，一时又不知道如何表达自己，这时就要等着对方先开口。对方不停地雄辩，哪怕说得再有道理，如果我们面带微笑，淡然沉默，他也会变得越来越没有底气，甚至会慢慢变得不耐烦，继而亮出自己的底牌，由主动变被动。

对于外向的人来说，有时想保持沉默，让对手先开口说话是一件很困难的事，他们习惯了口若悬河地诉说，习惯了把自己暴露在外面，如果不懂约束自己，在交际中只能站在不利位置。

在心理拉锯战中，让对方先开口能带给我们巨大的力量。在唇枪舌剑中，当我们适时的闭嘴也是自信的表现，能让对方产生心理压力，是一种重磅武器，适当地运用，必会让对方因承受不住压力而就范，亮出底牌。

成功的沟通是尽可能地让对方多说话，当需要别人去赞同自己意见的时候，失败的原因就在于话说得太多了，特别是一些推销员，他们很容易犯这

个错误。其实，要想取得良好的谈话效果，就应该让对手多说话，表达出自己的意见。

别只谈你想要的，多关注对方兴趣

卡耐基说："夏天的时候我总是喜欢前往缅因州钓鱼。以我自己来说，我喜欢吃杨梅和奶油，可是，不知道出于什么原因，我发现鱼儿们并不喜欢这种食物，相反它们更爱吃小虫。所以当我去钓鱼的时候，我不想我所要的，而是想着鱼儿的兴趣，用虫子和蚱蜢当诱饵。这样一来，我就可以轻松地对鱼儿们说：'你要吃那个吗？'"

相信大家都钓过鱼，也知道钓鱼的道理。可是当我们想说服别人为自己做些什么的时候，为什么不用同样的常识，去"钓"一个人呢？

有人问路依特·乔琪（美国独立战争时著名的高级将领），如何能在别的战时领袖们都退休不闻政事后，还身居权位？

他回答说："如果官居高位可以归功于一件事的话，那就是，你想要钓什么样的鱼，就需要什么样的诱饵。不同的鱼要使用不同的诱饵，如果你一厢情愿，长期使用一种鱼饵去钓不同的鱼，你一定是会劳而无功的。"这也是路依特·乔琪从钓鱼中所悟出的道理，是他一生的经验总结。

卡耐基说："为什么我们只谈自己所要的呢？这是多么幼稚的举动。除了你，可能不会再有人对你的需要感兴趣了。不过，所有人都和你一样，我们都注意着自己的需要。正因为这样，世界上唯一能够影响对方的方法，就是时刻关心对方的需要，并且还要想方设法满足对方的这种需要。"

卡耐基和路依特·乔琪的办法值得我们学习。这个方法无论是对成人还是孩子，甚至对动物也都一样适用。

在实际谈判中，当我们在与对方进行语言交流的时候，需要"忘记"自己的兴趣与爱好，用对方的兴趣爱好来展开话题，这样会使彼此之间的沟通更加顺畅。在谈判过程中，谈论对方的兴趣与爱好，这样能让对方感觉到受重视、受尊重，继而赢得对方的好感与信任。许多人习惯于谈论自己的兴趣爱好，从来不考虑对方，这样的人永远不会得到对方的认同。所以，赢得对方好感与信任的诀窍在于，用他人的兴趣与爱好来展开话题，谈论他最喜欢的事情，这样才足以赢得对方的信任。

阿美是一家房地产公司总裁的公关助理，奉命聘请一位特别著名的园林设计师为本公司的一个大型园林项目担任设计顾问。但这位设计师已退休在家多年，且此人性情清高孤傲，一般人很难请得动他。

为了博得老设计师的欢心，阿美在正式拜访之前做了一番调查，她了解到老设计师平时喜欢作画，便花了几天时间读了几本中国美术方面的书籍。这天，她来到老设计师家中，刚开始，老设计师对她态度很冷淡，阿美就装作不经意地发现老设计师的画案上放着一幅刚画完的国画，便边欣赏边赞叹道："老先生的这幅丹青，景象新奇，意境宏深，真是好画啊！"一番话立即使老先生感到一种愉悦感和自豪感。

接着，阿美又说："老先生，您是学清代山水名家石涛的风格吧？"这样，就进一步激发了老设计师的谈话兴趣。果然，他的态度转变了，话也多了起来。接着，阿美对所谈话题着意挖掘，环环相扣，使两人的感情越来越近。最后，阿美说服了老设计师，出任其公司的设计顾问。

人类本质里最深层的驱动力就是希望具有重要性，而且，一个人的兴趣与爱好是其人生中最看重的一部分，他希望自己的兴趣与爱好能够得到别人的认同与肯定。一旦你在谈话中巧妙地说到了他的兴趣所在，他就会转变之前的冷淡态度，开始滔滔不绝起来。在自己感兴趣的事情面前，任何人都会

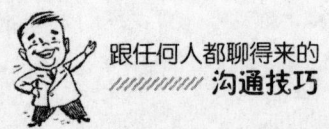

激起一种谈话的欲望。所以,如果你想让对方对你的谈话感兴趣,那就只能以对方的兴趣来展开话题,这样才能有效地博得对方的好感,令之后的沟通畅通无阻。

有一次爱默生和他的儿子想把一头牛拉近牛棚里,可是他们怎么努力都没有办法。

爱默生在后面用力地推着,儿子在前面使劲儿地拉着。而那头小牛四腿张开,牢牢地站在草地上抵抗前进。

他们僵持的情景,被旁边的一个女佣看到了。虽然这位妇女并不能够像爱默生一样写出优美的散文,可是至少在这次,她懂得牛马牲口的感受和习性,她刚才在厨房干活,手指还带有盐味儿。于是她把自己的手指放到小牛嘴里,让它像吃奶般吮着,一面轻轻地把它牵进牛棚。

可见,了解并满足对方的需要就能轻易影响对方。汽车大王亨利·福特曾说:"如果成功有什么秘诀的话,那就是站在对方的立场来看问题,并满足对方的需要。"

多么简单明了的金玉良言,但依旧有相当多的人对它视而不见,就像爱默生和他的儿子一样。所以,明天你要说服别人替你做些什么时,就要灵活运用这种方法。

这个道理是最浅显而明白的,任何人都能够获得这种技巧。可是对很多人来说,这种"只想自己"的习惯却是本性难移,因为这一行为发自我们的基本需求。如果我们能够把这种习惯改掉,站在对方的角度,了解并满足他们的需要,我们会发现说服的过程会更简单,任务更容易完成,得到的也会更多。

有些推销员,每天疲惫沮丧、劳累不已,但是收获甚少。这是为什么呢?因为他们并不懂得顾客的心理,他们只是想到自己所需要的,而没有注意到,他们所推销的是不是对方所需要的东西。

如果我们要买需要的东西,会自己出去买,原因是我们所注意的,是如何解决自己的问题。假如有个推销员，他所推销的服务和商品，确实能够帮助我们解决一个问题，那么他不必喋喋不休地说服我们购买，我们就会买他的东西。顾客喜欢觉得是自己主动买的，而不是由于推销才买的。事实上，许多销售人员在自己的销售生涯之中一直都不知道应该如何从顾客的角度看待问题。

在说服的过程中，我们一定要明白不是你想要什么，而是他们想要什么；不是我们想说什么，而是他们想听什么。

哈里·欧弗斯屈特在自己的《影响人类的行为》这本具有启发性的书中写道：不论在商场、家庭、学校或者政治上，有一句话对于那些自诩为"说客"的人来说不失为最好的建议：要首先了解对方某种迫切的需要。只要这样做，就能够左右逢源，永不寂寞，否则到处碰壁。

了解并满足对方的需要，其实并不难，我们可以从以下几方面着手。

1．尊重对方

每一个人的自尊心都很强，一旦我们无意间使其受到伤害，他便会痛苦不已。如果我们时刻注意，尊重对方，让其有自重感，那么对方就会感到欣慰和满足。

2．不要处处当主角

人人都希望按自己的思想和意志办事，不喜欢受到别人的指指点点，这就是自主的需要。每个人都希望自己在别人面前具有优越感，于是想尽一切办法让自己的才能充分发挥，并积极运用自己的智慧，创造出可观的劳动成果，使自己看起来比别人更能干。那么就应充分尊重对方"自主"的需要，让他的自我表现心理得到满足。

3．投其所好

人人都有各自的爱好，如果我们在说服别人的时候，能够尊重对方的兴趣和爱好，这样会使对方得到最大的满足，有助于建立良好的人际关系，正如著名的诗人西罗斯所说："当别人对我们产生兴趣时，我们就对别人产生兴趣。"所以，如果你要影响他人，赢得朋友，就应该学会投其所好，谈论

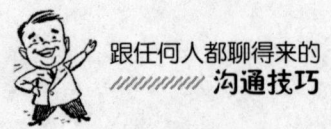

他人最感兴趣的话题。试想,一个和你没有任何共同话题的人,又怎么可能和你深入交往呢?

发问适宜,答得机巧,谈判自然无往不利

问题是心灵的走廊,它能使谈判双方都涉足对方的情境之中,只可惜大部分的人在谈判结束后才想到这些问题。

在谈判过程中,有时候我们的对手会由于我们的问话而有被压迫感,显得惶恐不安。这或许是由于我们提出的问题不够清楚,对方不能了解我们的用意,因而产生了误会,自尊或自信受到了打击。换句话说:当对方由于我们的发问而感到不安时,我们必须马上采取行动,以消除他的不安。我们所应采取的行动是:再进一步讨论核心问题,或是直接将我们的意思表明。

解除对方不安的方法是:不露痕迹地转移话题。然而,转移话题时一定要把握新话题的方向,并且要做得自然,丝毫不露痕迹。最重要的一点是:我们必须看透对方心理变化的整个过程,还要预测出问话可能令对方产生的任何情绪变化。记住:问话时,绝对不能超出话题之外,不然会弄巧成拙。

下面这个律师问话的例子可以参考:

"你是亲眼看到打架经过吗?"
"没有。"
"那么,你是在他们打完后才到现场的?"
"是。"
"那你怎样证明被告把原告的耳朵咬了下来?"
"我看到他将原告的耳朵吐了出来。"

有人将问话分为三个步骤：

1．问什么

在问话的时候，尽量不要刺伤对方，更不能刻意表示自己特殊的地位。举个例子来说：假如我们是个主管，有一天，一个部下迟到了，我们上来就问："现在几点了？"当然，我们并非真的在问他几点钟，只是借这个问话来表示我们主管的身份罢了。可是，假如他是家中有事才耽搁了，身为主管的我们是否可以换另一个完全不相同的语气问："你今天怎么迟到了？是不是家中发生了什么事？有什么我能够帮忙的吗？"

2．怎样问

不要提出一些有压迫性的问题，令对方窘困不安。只要我们能认清自己所期望的答案方向，问话就能够消除对方的疑虑。在提到有关将来的问题时，我们自己要先衡量一下：我们希望得到的是确切的答案，还是约略的答案。

我们应记住一点：我们要努力在问话中诱导对方向我们所期望的目标靠拢。假如我们是推销液化气的售货员，我们最好不要问我们的顾客："先生，你是要大罐的，还是小罐的？"我们最好是问："先生，来一罐大的，好吗？"

3．什么时候问

假如我们想要取得谈话的控制权，或是不希望话题被打断，那么，要注意使用问话的技巧。举个例子：在一项交易进行到决定性阶段时，买方的太太忽然从家里打来了一个电话，打断了交易的进行，使我们不能再继续谈判下去。

这时，我们可以轻松地说："喔！人生大事自然要交给太太决定，不过，交易这种小事情总要自己做决定吧！你说是吗？我们总得决定一下：这笔拖拉机生意还要不要做。我说的是400台拖拉机的生意……"

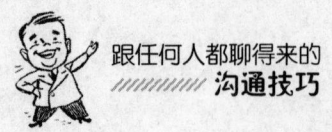

在另一种情况下,当我们希望别人注意我们感兴趣的话题时,利用问话技巧,也是一个非常好的手段。

举例来说,在会议中,我们期望大家讨论的主题是:产品制造的程序与方法,可是,在经过一个小时的讨论之后,大家依然在市场调查的问题上转。这时候,我们可以非常诚恳地对其中一个人说:"你对市场调查的独特见解的确很了不起,只是,能不能请你就产品制造方面,再提一下你的意见呢?"这样,就很轻易地就把主题转向我们所期望的重心上了。

在谈判中提问题并不很容易,通常一个人提问题能力的高低,决定了一个人谈判能力的高低。

提高问问题的能力,要掌握以下要点:

(1)不要提可能刺激对方的问题,除非我们想引起争端;

(2)不要质问对方的诚实,因为他们不可能因此比较诚实;

(3)不要打断别人的话,即便是很想问问题,也不要这么做,用笔把问题记下来;

(4)不要认为自己是包青天,记住谈判并非问案;

(5)不要随意提问,应注意掌握时机;

(6)不要为卖弄自己的小聪明而去提问题;

(7)不要在我们的同事尖锐提问的空当,强行插进自己的问题。

我们要做的应该是:

(1)事先草拟问题;

(2)把早先的接触当做搜集事实的机会,结果在谈判之前有可能就已经浮现;

(3)召集参与谈判的人集思广益,一定会发现一大堆好问题;

(4)有胆量问那些听起来显得很笨的问题;

(5)问那些很蠢的问题,这通常可以起到抛砖引玉的作用;

(6)能够向买家的秘书或是制造商、工程师提问;

（7）有勇气咨询题外话，往往会有玄机从中泄出；

（8）利用间歇时间设计新的问题；

（9）在提问后保持沉默；

（10）能够在对方企图躲闪问题或是含混了事的时候，咬住不放；

（11）问那些已经知道答案的问题，它们能帮我们评估对方的可信程度。

在谈判桌上，"问"可看做一种企求；"答"当看做一种退让。发问适宜，答得机巧，谈判自然无往不利。

谈判之中，善用"如果"这个词

"如果"是我们在平时的生活中使用频率很高的一个词，善于使用"如果"会让很多事情发生逆转式的变化。尤其是在谈判的过程中，善于使用"如果"很可能会帮助我们获胜。

我们经常会在电视剧中看到这样的情节：当律师为自己的辩护人辩护时，通常会用到"如果"这两个字，例如"如果我的当事人当时是清醒的，他为什么不选择逃跑""如果我的当事人是凶手，为什么他在受伤的情况下，还要拼命营救死者"等，他们之所以选择使用"如果"这个词，是因为人们在听到"如果"后，就会下意识地去思考"为什么"，并且想方设法地找到答案，在这个思考的过程中渐渐推翻自己以前的结论，开始得出律师想要的结论。

当我们在谈判桌上发现对手的意见和自己的意见大相径庭时，我们也可以使用这种策略，利用"如果"引导对方，让对方跟着我们的思路走，接受我们提出的观点。

张芳在一家孤儿院工作,最近她突然接到孤儿院即将被拆的通知。得知这个消息后,张芳非常惊讶,并立即联系了院长了解情况。原来一个房地产商已经购买了孤儿院所在地的土地使用权,准备在这个地方修建一座豪华写字楼,因此要求孤儿院必须尽快拆迁。院长和孩子们都不想孤儿院被毁,毕竟这里是他们的家,却又无能为力。

于是,张芳找到房地产商和他进行谈判。一开始,张芳几乎用"求"的姿态要求对方不要拆迁孤儿院,但是对方坚决不同意,理由是:"如果孤儿院不拆,势必会对写字楼造成一定的影响,并且这种损失难以计算。"

这样一来,谈判陷入了僵局中,对方显然不想继续和张芳交谈下去了,于是站起来准备离开。就在这时,张芳突然站起来说:"请您站在孩子们的角度上想想,如果您是他们,您的家现在要被别人强行拆毁,您是什么感觉?"

对方听了张芳的话,显然愣了一下。

张芳见状接着说:"孩子们在被父母抛弃时,心灵上已经受到了重创,但是在孤儿院里,他们重新找到了家的感觉,现在您又要毁坏他们的家园,您让他们怎么办?况且,如果您强行驱逐这些孤儿,您的客户得知了这件事情后会是什么反应?他们会购买一个没有善心的人的写字楼吗?到那时,您的损失会更大。"

对方陷入了沉思中。

张芳继续说:"如果您答应不拆孤儿院,不仅保护了孩子们脆弱的心灵,更说明了您是一位极其关心社会公益事业的慈善人士。这就等于无形中给你的写字楼做了广告。另外,如果你答应不拆孤儿院,我们免费给您做一个宣传片,宣传您对公益事业做出的贡献,为您树立良好的形象,这样更有利于您的企业的发展。您看怎么样?"

最后房地产商在权衡利弊的情况下,同意张芳的请求,答应不拆孤儿院。

在这个事例中，张芳之所以能扭转谈判的局势，让房地产商改变主意，就在于她善于运用"如果"作为逃生梯，把一系列可能发生的事情用"如果"罗列出来，让房地产商自己权衡利弊。最后成功说服了房地产商，达到了谈判的目的。

可见在谈判中善于使用"如果"的重要性。使用"如果"的好处就是表示事情并没有发生，对方还有机会可以弥补。另外对我们来说，使用"如果"说明这仅仅只是一种假设，并不是事实，就算对方对我们"如果"的结果不满意，我们还有回旋的余地。这也是把"如果"称为逃生梯的另一个原因。当谈判对立尖锐的时候，你一定不要忘了搭乘"如果"这一逃生梯。

"休战"时，多与对方闲话家常

谈判是一个漫长的过程，在谈判进行到关键时刻，谈判人员都会有疲惫的感觉，因此休息是很必要的。休息的时间不仅对缓解自己的身心疲惫非常重要，而且对双方的合作也有着重大意义。在休息中，我们可以试着和对方闲话家常，缓解对方的疲惫心理，稳定紧张的情绪，同时还可以拉近彼此的心理距离，为接下来的谈判营造一个和谐的氛围。

很多谈判新手在这个方面做得并不好，在他们看来谈判双方之间存在利益的冲突，彼此不可能像普通人一样坐下来闲话家常，因此在谈判间歇，他们会选择离开谈判地方，回到自己的休息室或者其他地方，尽量避开对方。而事实上，这样做会失去很多的机会。

其实，在谈判桌上，谈判双方很可能为了各自的利益站在了彼此的对立面，但是这种对立是相对的，一旦离开谈判的环境，彼此之间的对立也就随之消失了。因此，彼此完全可以像普通人一样交流，闲话家常。这样做不仅

不会损失什么,相反还对谈判大有帮助。因为是闲话,所以彼此之间的戒备之心会少一些,少了这种戒备,彼此之间的距离会更近,而这种距离会影响到谈判桌彼此间的距离。

有一位电子厂的客户代表要与德盛公司洽谈关于产品的销售价格问题。双方在价格方面僵持了很久,仍没有结果。这家电子厂认为他们的产品是拥有专利技术的高科技产品,因此开出了很高的价格,但是德盛公司认为对方的产品很普通,他们的技术也不是自己研发的,因此没有什么特别之处,所以在价格方面坚持不肯让步。

在这种僵持中,德盛公司已经失去了耐性,不想再与之谈下去。电子厂的代表见状,果断地叫了暂停。

在谈判间歇时,他试着和对方的经理闲话家常。他说:"最近出国旅游成了热门话题,对这个问题你怎么看?"

当这个问题提出后,对方显然也很感兴趣,立即说:"出国旅游是人们追求时尚的象征,也说明了人们的生活水平在逐步提高……"

二人就这个话题聊了起来。此时的气氛已经轻松多了。这时,他又注意到经理室中悬挂着几幅装裱精致的书法作品,正好他也喜欢书法,于是便和经理交流:"这是谁的书法,写得真不赖,笔法挺拔劲健,真是'静如处子,动如脱兔',很有北宋米芾的风格啊。"

经理听到对方代表这样说,更加来了闲聊的兴趣:"你对书法也有研究吗?我很喜欢宋朝时期的书法作品,比如苏轼、黄庭坚、蔡襄等,尤其是米芾,他的作品是我最喜欢的……"

就这样,这位客户代表与经理谈起了米芾书法中比较特殊的笔法、米芾和苏轼结交的故事等经理感兴趣的事。

二人闲话家常,相谈甚欢,气氛变得异常和谐,竟然忘记了时间,经理与之有种相见恨晚的感觉,于是坚持要这位客户代表留下来吃饭。

这位客户代表看时机成熟了,就说:"我们公司的产品是融合了高新技术在里面的，因此是绝对可靠的，我们给出的价格也是非常合理的，希望贵公司能认真考虑。相信我们的实力，相信我们的产品。"

经理说："我想你们公司的产品应该不会差到哪里去，不过价格确实不便宜，你知道我们也可以从其他公司买到更低价格的同类产品……"

就这样，双方又一次坐下来谈判，由于闲话家常拉近了两人之间的距离，让彼此互有好感，最后协议在双方各让一步之后达成。

相信通过上面的事例，我们已经看到了闲话家常的重要性。本来剑拔弩张的谈判气氛，因为在休息时的闲谈之语，让谈话的氛围变得轻松起来；通过闲话家常，发现了彼此间的共同爱好，也拉近了彼此的距离。有了这个前提，后来的谈判进行得顺利多了。

因此，作为一名谈判员，我们也要学会利用谈判的间歇和对方闲话家常，借以拉近和对方的距离，让谈判在一种轻松的氛围内进行，以便取得最后的胜利。

不知如何沟通时，巧妙岔开话题

在一些对自己不利或者自己难以应对的场合中，巧妙地用语言转移别人的注意力，绕过难说的话来陈述自己的观点，让别人跟随自己思路的谈话技巧。在谈判中，如果我们能恰当地使用这种技巧，往往能够有效救场。

比如，当对方说"你怎么这样？我都这样和你说了，你还不通融？难道真的以为我们非要和你合作不可？"显然，这时无论你怎么回答，都很尴尬。如果你说"不好意思，你的条件我们公司真的无法答应"，即便你说得非常客气，对方也会因你的拒绝而愤怒，谈判也很可能就此破裂。如果你说

"那好吧！但仅此一次"，尽管确实勉强，但对方难免会在心里想"这人真虚伪，说是没有让步的空间，最后还不是让了步！看来决不能相信他的话"。显然，无论是拒绝还是答应，都不利。

面对类似这样的尴尬局面，我们不妨将话题暂时岔开一下，等到谈判氛围以及对方情绪有所缓和后再回到正题上来洽谈。

林子扬是公司的采购部经理，正就原料供应商因农作物歉收要提高价格的问题与供应商谈判。谈判一开始就进行得很激烈。林子扬认为供应商的要求非常无理，而供应商则认为在情理之中，双方都据理力争。

"农作物欠收，我们收购的价格上涨，供给价格上涨也是理所应当的！"供应商说道。

林子扬听了直想笑，说道："农作物欠收就该涨价，那按照你的道理，不是农作物丰收就应该降价？可是去年农作物丰收，你们也没提降价的事啊？况且，我们是有协议的。"

"的确，我们是有协议，但是协议不变的前提是无特殊情况。现在情况特殊！"供应商毫不客气地反驳道。

"农作物欠收就是特殊情况？你们这根本就是借口，是赤裸裸地无视协议，是不诚信。"林子扬说道。

听了林子扬的指责，供应商心中的怒火也熊熊燃烧起来，他死死地盯着林子扬，一言不发，仿佛在压抑着什么。

在供应商的目光中，林子扬渐渐地冷静下来，意识到了自己的失态。

"你的态度就代表贵公司的态度吗？"供应商开口问道。

刹那间，林子扬不知如何回答。不过，他很快找到了应对方法。他从饮水机的柜子下拿出纸杯，接上水，一杯给自己，一杯给供应商，说道："天气真热啊！开着空调还是让人一身汗。你也热了吧？喝杯水！"

供应商经过一番唇枪舌剑，喉咙都快冒烟了，也不客气，拿起水杯，喝起水来。一杯水下去，情绪平缓了不少。

"我知道，贵公司提出提高价格的要求，也是因为碰到了难处。但是，请贵公司也体谅我们的难处，现在经济越来越不景气……"

就这样，林子扬和供应商又重新回到了正途。最后，双方各让一步，林子扬同意供应商提高价格，而供应商则承诺渡过难关后，立刻将价格降低。

谈判中，眼看好好的商务洽谈就要变成争吵，面对如此紧急的情况，林子扬聪慧地把话题转换到天气上，从而让彼此的情绪都缓和下来，为进一步谈判奠定良好的基础。

总的来说，尴尬、紧急、你不知应该说什么时，就岔开话题吧。不仅能够缓和谈判的气氛和双方的情绪，而且能够为自己赢得思考的时间，以便更好地进行接下来的谈判。

谈判桌前，切记情绪失控

谈判中，对手经常会使用激将法来促使我们就范。比如故意质疑我们的实力来逼我们提高质量，或者故意透露竞争对手的价格来促使我方降价。如果我们不能对一些让我们愤怒的小事淡然处之，那么自己恐怕就会身处危险之中。

传说中的吸血蝙蝠，不过是一种不起眼的小动物。它生活在非洲草原上，靠吸取动物的血生存。人们之所以对吸血蝙蝠心怀恐惧，是因为它虽然身体极小，却是野马的天敌。吸血蝙蝠在攻击野马时，首先附在

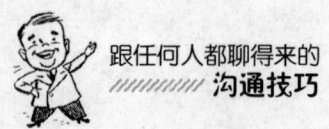

马腿上,同时,用锋利的牙齿极敏捷地刺破野马的腿,然后用尖尖的嘴吸血。但是吸血蝙蝠所吸的血量,对于强健的野马来说是微不足道的。而导致野马死亡的原因,正是野马自己的愤怒。

被吸血蝙蝠叮咬的野马常常表现为暴怒、狂奔。然而,无论野马怎么蹦跳、狂奔,都无法驱逐吸血蝙蝠。它们可以从容地吸附在野马身上,悠然地吸血,直到吸饱才满意地飞走。而暴怒的野马越是奔跑,越是增加自己血液的流出,最后就在愤怒中无可奈何地死去。

野马为了甩掉附着在自己身上的吸血蝙蝠而暴怒、狂奔,最后送掉了自己的性命。所以,真正害死野马的,其实并不是小小的吸血蝙蝠,而是野马自己暴怒的习性。如果我们在谈判中也像野马一样,那么很可能在自己冲动的驱使下进入了对方的圈套。

情绪失控是谈判场上的一大错误,它会让你说错话,轻则得罪人,重则完全毁坏自己的谈判。因此,谈判桌上一定要控制好自己的情绪。特别是在双方因为小问题而争吵,或对方态度不够和气时,更要拿捏好自己的情绪,以免因为激动而把话说得难听,或说得太绝。

很多谈判者不注意这一点,他们常常会为了一个小问题而在谈判场上大发脾气,或与对方陷入激烈的争论中。相信下面这个事例能给你一定的警示作用。

一家制鞋厂最近要生产一批新鞋,所有原料都已准备妥当,就差胶水了。老板对胶水的要求很严格,既要黏性好,又要刺激性味道最小的。选来选去,终于找到他满意的胶水了。

他直接找到这家胶水的生产商进行谈判,对方知道来意后,有点骄傲地说:"我们的胶水是业界最好的,所以它的价格也不菲。"

尽管对方态度有点傲慢,但鞋厂老板还是很和气地说:"早已听闻,一分价钱一分货嘛。"

对方见状，便直接问鞋厂厂长："您想要买多少胶水？"

鞋厂厂长回应说："我们厂现在要生产一批好鞋，数量比较大，所以，对胶水的需求也大。我们买得多，不知道价格可不可以低一点。"

对方毫不让步地说："买再多价钱也不能少。"

鞋厂厂长有点生气，但还是压抑住了脾气，说："一般购买数量多的话，都能适当调价的，您再考虑考虑。"

对方没好气地说："你以为我们的胶水是一般的廉价胶水啊，说降价就降价？"

这话让鞋厂厂长生气极了，他心想，不就是生产了一款好一点的胶水吗？就这么大架子，说话时处处不饶人，他很激动地拍了一下桌子说："我是诚心来跟你谈生意的，你摆什么臭架子？"

此话一出，对方顿时怔住了，转而说："我哪里摆架子了，你这么大的不满情绪我们怎么谈？"

鞋厂厂长气还未消，见对方把问题都推到自己身上，更加气愤了，于是毅然决然地说："不要以为只有你们会生产胶水，市场上生产好胶水的厂家一抓一大把！"

对方也不饶人，暴跳如雷地说："那就不要买我们家的好了！"

"就你这样的态度，不买就不买！"鞋厂厂长回答说。

结果，本来很有希望一场谈判不了了之了。

看，这就是情绪失控的后果。它会让我们顿时火冒三丈，话里带刺，失去应有的礼貌与风度。谈判桌上，很多谈判者也常常会这样，或图一时口快，或为一解心中之气，结果直接放大或激化矛盾，最后直接导致谈判的失败。殊不知，因为别人的言辞而改变自己的说话方式和失去理智是非常愚蠢的。退一步海阔天空，宽容点，情绪就不会失控，谈判就不会被吵架或辩论取代，而我们也不会让谈判失败。

那么，怎样才能绕开情绪失控，避免自己陷入争吵或辩论中呢？以下为

大家提几点意见。

1. 谈判前做充分的准备,"自己要说什么"要心里有数

虽然说计划赶不上变化,但是,没有计划,就只能任由变化牵着鼻子走。谈判中,我们为什么会情绪失控,说到底,还是因为我们没有准备好。我们没有充分的心理准备,一旦有什么东西惹怒了我们的心,就承受不了,就会失控。假如事先有个准备,能撑大心的容量,那么谈判场上对方怎么为难我们,乃至羞辱我们,我们都能做到大方地、有礼貌地还击他。

因此,清楚"自己要说什么"至关重要。"自己要说什么"所关注的不仅是谈判的内容,还包括怎么和对方说,怎么说才言简意赅,怎么说才能用最简短、直白的话表达出最明确的意思,对方向我们提问时我们该怎么回答,对方设陷时我们该怎么守口如瓶……

2. 适当自嘲,转移话题,及时缓解不良情绪。

当我们发现自己情绪失控时,要及时化解它。转移话题是比较好的方式。

在一次重要的谈判中,惠普公司的前任女掌门人奥菲利亚的衣服忽然掉了一粒扣子,顿时衣服裂开了,对方见状,忍不住笑了。奥菲利亚很尴尬,也很恼火,但她没有发火,反而开了个玩笑说:"时代的跃变要求我们跑步前进,当我想解开衣服奔跑时,发现自己没穿运动短裤。好吧!让我们赶紧结束这个谈判,好让我回家换个短裤。"顿时,她的愤怒化为无形了,对方的尴尬也化为无形了,而谈判也圆满结束了。

3. 平静下来,听听对方怎么说

当谈判变成争论时,对方的情绪可能也变得比较激动了。这时候,不妨冷静下来,学会聆听,听听对方怎么说,理解对方发火的理由。我们可以问问对方:"您可以先说说您的看法?"这样一来,对方就能充分地感觉到我们的尊重,自然而然,争论也会被平息。

别对结果紧追着不放

谈判中有一大忌讳，那就是：三句话不离对谈判结果的追问。这既是一个雷区，也是一种非常不礼貌的行为。虽然说，谈判的目的之一，就是为了结果，但作为谈判者，你必须充分地考虑对方的感受。

如果谈判中你一而再再而三地追问对方谈判结果，连一个考虑与权衡的空间也不给对方，对方必然会觉得压抑。况且，我们虽是一个比较合适的选择，但对方仍有备选。即使跟我们的合作失败了，他还可以和别人合作，既然如此，他又何必要承受我们给的压力呢？

吴明是个车险业务员，这个月，他的业绩很糟糕，一连半个月都没有拿到一张订单。这天，终于有一位客户打电话来说，对他们的车险很有兴趣，希望吴明能过去跟他面谈。吴明高兴坏了，立即动身去了。

见到客户后，他开始耐心地向客户介绍他们公司的车险。因为客户本来就有意愿，加上吴明的仔细讲解，他更看好这份保险了。但是，车险毕竟是一份不小的开支，所以他准备再考虑一下。

吴明不明白这位顾客的意思，他只想快点跟他签约，于是谈判刚结束，他就急着问："不知道我们什么时候可以签单？"

"我再考虑一下。"

"我们的车险是绝对划算的，您不用担心会吃亏。"

"我对你们的车险很满意，但我想再和我家人商量一下。"

"我觉得不用商量了，这么划算的车险，您还等什么？"

客户还是坚持需要一点时间考虑，吴明只好起身告辞，但他走时还不忘问了一句："应该没什么问题吧？"

客户微笑以对，没有作出直接的回答。

吴明离开后，客户出门去办事，不巧在电梯口又遇到吴明，本以为再和吴明寒暄两句就可以了，没想到吴明问道："您考虑得怎么样？应该差不多了吧？"

这让客户有点为难，他只好说："别着急，给我点时间。"顿时，吴明让这位客户觉得很反感，客户礼貌性地笑了笑，然后立即离开了。

两天过去了，这位客户一点音讯也没有。郁闷之余，吴明找朋友诉苦，朋友听他说完整个事情的经过后，惋惜地说道："你性子太急了，你干吗老问人家结果如何啊？客户都说了两天后给你回复，你就沉不住气？你想啊，要是有人向你推销你喜欢的东西，穷追不舍地问你购买的意愿，你烦不烦啊？要是我，想买我也不买了，又不只有你一家。"

顿时，吴明恍然大悟，也后悔莫及。

本来这位客户的订单吴明是势在必得的，但他却因为苦苦追问谈判结果而让客户避而远之。假如他能耐住性子，绕开"三句话不离对谈判结果的追问"这一误区，那他可能就会如期接到客户的电话了。所以说，谈判结束时，不要苦苦追问结果。

我们不否认，要尽快知道谈判结果，但是知道它的方式不应是"着急"，而应是"积极"。这两者是截然不同的。往往，踩到谈判雷区——三句话不离对谈判结果的追问——的人是"着急"，而非"积极"。他们迫切地想知道谈判结果，因而可能会直截了当地说："您看，我们谈得也差不多了，要不把合同签了吧？"或像事例中的吴明一样，不时地冒出一句："你考虑得如何？"更有甚者，甚至会直接跟在对方身后，一直追问："相信我们的合作一定会很愉快的，不知道我们什么时候能签合同？"

与其这样，不如采用"积极"的策略。比如，谈判已结束，但结果尚不明确时，我们可以说："不知贵公司意下如何，以上都是成文的合约，如果还有什么有异议的地方，我们可以再做商讨，共同解决。"我们也可以说："可能我还有考虑不周的地方,欢迎您随时跟我联系,我们再仔细商量。""如果您还有什么要求,都可以跟我说,我尽量帮你申请到。"这么说,对方看到的是我们解决问题的决心与合作的诚意,因而更愿意接受我们的产品或要求,而不是心生反感。

当然,有的时候也要适当追问一下,我们可以在谈判结束的时候,和对方说:"希望我明天能听到您的答复。假如您这两天比较忙,那我希望这周我能听到您的好消息。"言语中给对方暗示一个期限,委婉地表达自己想知道结果的心情。但是,意思表达出来就可以了,没有必要反复强调,更不要三句话不离对谈判结果的追问,以免招致反感情绪。

让对方感觉赢了,会有意想不到的收获

当谈判接近尾声时,你一定要给对方他赢得了这场谈判的感觉。当然,我的意思并不是要一味地给对方好处,而是要让对方感觉自己赢得了这场谈判。这种感觉不是我们在签订协议的时候再给对方增加一些折扣,而是我们可以给对方一些赞赏和超出我们承诺的东西。我们可以提供一些附加的服务,我们可以提供一些本不需要提供的关心,这个时候就会发现,我们的这些服务给我们带来了意外的收获。

萧然是一家中国服装企业的谈判员,公司派她去和一家美国的设计师进行谈判。在谈判的开始,萧然就了解到这个美国设计师杰克喜欢喝中国的碧螺春,喜欢中国的旗袍。于是她自己特意换上了旗袍,带着碧螺春来谈判。谈判刚刚开始的时候,桌边就洋溢着浓厚的中国特色,穿着中国旗袍的中国女性,同时空气中散发着清香的碧螺春气息,设计师杰克完全沉浸在美妙氛围之中,谈判的过程一直进行得很顺利。最后要

确定服装的外观设计时,杰克要求要一份中国旗袍的样式图书,并愿意多送萧然几件自己设计的西方服装,萧然很快地就达成了谈判。杰克看着眼前身着旗袍的中国美女,口中喝着喜欢的碧螺春,他觉得自己赢得了谈判,而且此次的谈判令他感到很满意。

人们在各类贸易、合作、联合以及各种经济纠纷中进行谈判,其目的是改变相互间的关系并交换观点,以期达成协作的求同过程。谈判是一个较为复杂的过程,既要确定各自的权利与利益,又要考虑对方的实惠利益。因此,交易谈判犹如对弈,在方寸之间厮杀,但又要共同联手合作,这是既矛盾又统一的,即个体整体的利益所在。

真正的谈判高手总是会让对方感觉他赢得了谈判,而拙劣的谈判者只会让对方觉得他赔了。与拙劣的谈判者合作的客户,在第二天早晨他们醒来的时候会想:"现在我知道那个搞销售的对我做了什么,别让我再碰上他。"而与谈判高手合作的客户会感觉自己同我们一起度过了一段非常愉快的谈判时光,他们迫不及待地想再次见到我们。

谈判的最理想状态就是让谈判双方感觉,自己都赢得了这场谈判,尤其是真正的赢家,更应该运用这一谈判策略使对方感觉他才是赢家。

比如,我们和一位客户进行谈判,在谈判进行的过程中,对方不知满足,不断索取而毫不付出,那么这场谈判只能出现两种结果:其一是谈判将在无法继续的僵局中结束;后一种则是一方获利而另一方因损失过大被迫终止交易。

所以,想要使谈判获得理想的结果,就应该端正心态,抱着如果自己的利益得到了满足,也应该适当给对方一些让步的良好态度,而不是把对方看做是仇人一样。找到最好的方法去满足双方的需要,并且解决双方责任和任务的分配,如成本、风险和利润的分配等问题,这才是谈判的最终目的。

胜达科技有限公司需要为公司的员工购置一批电脑,公司的采购经理联系了一家名为长远电脑有限公司的供应商,双方就此次交易进行了谈判。

胜达公司希望以市场最低团购价格购买这批电脑，同时对这个长期供货的客户也有所顾忌，担心影响到日后的合作关系。长远电脑公司当然期望利润的最大化，但又不愿失去一个可靠而又诚信的长期合作商。

谈判一开始，胜达公司就提出了最低团购价的要求，但是被长远电脑公司拒绝了。经过一段时间的协商，双方达成了基本一致的意见，胜达公司把报价提高，而长远公司在对方做出让步的基础上提供给胜达更多其他的服务。

其实，在谈判进行的过程中，长远公司并没有做出提供其他服务的让步，但是，即使长远公司做出这样的让步的话，也不会影响到公司的利润。所以，直到谈判进行到一个僵持阶段的时候，长远公司终于以关键时刻的一次让步赢得了这次谈判。

在一场谈判完成后，不仅双方各有所得，同时也不会影响到下一次的合作。当一方不得不在价格上做出让步时，则另外一方就可以在其他方面提供一些补偿。谈判双方立场不同，对利益的价值评估也不会完全相同，或许长远电脑公司的供货价格是本次谈判的最重要因素，而胜达公司更看重的是电脑的售后服务，通过谈判，双方的问题得到了解决，他们都认为自己赢了。

在谈判中，谈判双方对同一个问题的价值认定是不同的，也就是说，甲方想要达到的目的乙方实际上毫不在乎，而乙方想要获得的东西甲方却感觉没有任何意义。

所以，在谈判过程中，不仅需要考虑己方需要的东西，还应该考虑对方需要的东西。如果对方需要的东西在己方看来是丝毫不会影响到自己任何利益的东西，那么，何不找个适当的机会，以适当的方式"送给"对方呢？让对方感觉他赢了谈判，这对己方是大有好处的。只有我们满足对方基本需求的时候，对方才会给我们相应的回报。

聪明的谈判者不会只顾及自己的利益和感受，而是从对方的预期出发，尽量让对方的心理得到满足，给对方一种自己赢得了整场谈判的感觉。

第九章　婚姻多些沟通，家庭永被幸福笼罩

良好的沟通，让彼此保持良好的感情

沟通是一门学问、一门艺术，夫妻之间想要增进彼此的感情，就必须依靠沟通这个重要的手段。

良好的沟通技巧可以让彼此保持良好的感情，增进彼此之间的了解，让夫妻双方在舒畅的心情中达成共识。

但是，需要我们注意的是：简单的你+我=你+我不能构成沟通，如果双方产生不了共鸣，最终结果只能是不欢而散。在夫妻相处的过程中，一般人常会抱怨、批评对方难以沟通；认为丈夫或妻子无法了解自己所想要的；认为对方无法理解自己的想法，因而产生诸多争执。

整个心思、注意力全集中在自己这里，却往往忘了站在对方的角度去替对方想想。在与对方沟通时，时常存在"我就是这样""他为什么都这样""他就是那样"等想法，在脑子里已经为对方设定好了标准。很多夫妻都会认为，既然已经是夫妻，就非得弄清楚对方的过去，在沟通中分享彼此的秘密，这种观点其实是错误的。因为如果一方的诚实让对方听了之后更难过，这对维持夫妻感情是毫无益处的，有时候还会产生不必要的麻烦，让双方心里都不好受。

最常见的夫妻沟通困难是他们认为彼此不用说什么，对方就可以心领神会。我们经常见到的是夫妻关系基本感情是好的，但是总是在沟通上产生问题，从而让彼此的关系受到影响。

一对夫妻在恋爱阶段，看对方优点多，而结婚以后，在一起生活的时间长了，会逐渐暴露出来很多缺点，矛盾也就会发生。

夫妻之间多些沟通才能将彼此的信息传递出来，让对方清楚发生了什

么，双方共同面对所发生的事情，一起商量解决处理事情的办法。随时让对方知道彼此之间的情谊，说出自己的专情，这样彼此的感情才能得到巩固。有时两人缺少沟通，对于自己的意见没有信心坚持，还有的夫妻双方一开口就掐上了，马上就变成了带有攻击性的吵架，没办法沟通，这常常与夫妻沟通混乱有关。因此在夫妻生活中，要注意说话的艺术，说什么、怎么说尤为重要。

一位刚上任不久的某大公司董事长称，他找到了清除心理紧张的方法。他说："对我而言，我根本不用靠打高尔夫球之类的方式放松，我消除紧张的方法就是直接回家。为什么这样说呢？我回家以后，应和着我老婆和孩子们七嘴八舌的说话，虽然并没有完全听进去，但我的紧张就消除了。在我看来，家庭就是放松身心的地方。"家人的闲聊可以让自己的身心得到放松。

有时，在夫妻生活中，就对方的事业进行一些沟通往往会有意想不到的收获。

在某个聚会里，成功策划了一本畅销书的负责人为此而洋洋得意。这本书的销量真可以用"惊人"二字来形容，不管在哪个城市都占据了排行榜的第一名，他就靠着这一本书进入了富翁的行列。

有人向他请教道："您策划出这本畅销书的灵感源于哪里呢？"他的回答很叫人震惊。"没有啦！灵感源于我的太太，她才是真正的幕后英雄！她给我一些好的点子，因为她注意时下流行卡通画，孩子们都喜欢电游。"

丈夫没有动脑子就搞出了一本畅销书籍。但是，他的情报是源于妻子，他才可以想出这么绝妙的图书策划案，而和妻子的沟通就变得尤为重要了。

听完这一席话，恍然大悟的我们细细回想一下，类似的例子还有很多。我们不必刻意效仿上述故事中这位主人公，不过，在开始新计划的时候，一定要和爱人商量。这并不是说要爱人想出什么奇思妙招，而是在自己已经做好的计划上，跟爱人分享一下，没准就可以得出"新点子"。

对很多男人来说，只要妻子能做出反应就行。当时男人也许会想："她怎么连个反应都做不出来啊，真是急死人，干什么都怕这怕那的。"这反而可以坚定一个男人的意志和决心。当然，如果彼此的意见完全一致，那就是最好的局面。男人的精神支柱往往可能就是女人的一句话。男人只是希望听到是或否，他们的信心正是源于这种"精神支柱"。

每个人的心里都有一个感知对方情意的"爱箱"，我们每天都要把爱放进这个"爱箱"中储存。除了要通过言语表达对对方的感激之外，举手之劳一样能对方心生温暖之情，就像主动帮爱人倒杯水、削个水果等，我们容易忽略的地方就是爱人点滴的付出。

先聆听对方，再相互间沟通

有一句古老的格言说，我们总是只听我们想听的事。看交际学理论，其中说到我们能够用四种不同的耳朵来捕捉他人的信息：关系之耳、客观之耳、自省之耳、顺从之耳。男人一般用"客观之耳"和"自省之耳"，而女人用的就是"关系之耳"和"顺从之耳"。

幸福的女人，首先一定是老公心声的倾听者，其次她们还善于选择倾听的内容。第二条对于女人来说尤为重要，聆听能力到最后实际上就是一个选择聆听内容的能力。

当方方面面的压力迅速袭来时，女人会本能地开启心灵，畅谈她的问题、她的心情和她的感受。她也不给她的问题排"座次"，而是想到哪里，

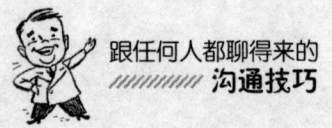

就说到哪里,随心所欲,顺其自然。

　　她不像男人那样,强调所谓的"优先选择"和重点突出,只要女人把自己肚子里的问题一一倒出来,就会让男人应接不暇。这时候男人最好不要急于解决她的问题,而是先要把自己真实的感受说出来,唤起妻子的理解和共鸣,这会让她的心情慢慢归于平静。

　　换句话说,一个倾诉的女人,越是畅所欲言,就越是远离沮丧和懊恼。只有聆听丈夫的心声,她才能感觉宽慰和舒适。

　　　　小强有个幸福美满的家庭,他常说一个家之所以能温馨、喜乐、"安"居乐业,最主要的是家里有个好女人。

　　　有一次,他讲了他和太太的恋爱史,他说,他之所以会和他太太结婚,是因为和她第一次见面时,只有她能认真地听他说话。

　　　当时的聚会,有五个女孩子来参加,但当他说话时,只有她认真地看着他,认真地听他把话说完。当时他讲的是有关西洋美术史的东西,也许有点冷门乏味吧,其他的女孩子有一搭没一搭地听着,偶尔会像应酬似的看他一眼,冷硬地微笑。他知道她们没听进去。那种感觉就像我们在KTV里唱歌,虽然没有人认真在听,但我们还是要唱完一样,有点为难又有点下不了台,这时只要有一个人认真倾听,我们瞬间就会像遇到救世主一样,有种被解救的感动。

　　　后来,他问她是否听得懂西洋美术史,女孩子笑着说:"那么专业的知识我真的听不懂,但我觉得很有趣,且又能增长见闻,所以我就想继续听。"他当时有一种被欣赏的感觉,他在霎时间做出一个决定:只有和她永远相伴,才能报答她的这种恩情。

　　这些小事,虽然说起来没有什么大不了,但相信很多女人都不知道,原来男人对这种认真的"眼神"和"忠诚",是多么的敏感及渴求。

　　聆听,不仅仅是对别人的尊重,也是对别人的一种赞美。我们知道,在社交过程中，沟通的高手，是那些善于倾听的人。也许在交谈过程中他并没有说上几句话，但是他一定会得到他人的肯定，认为他是善于言辞的人。

聆听是对别人最好的尊敬。专心地听别人讲话，是你所能给予别人的最有效，也是最好的赞美。不管说话者是上司、下属、亲人还是朋友，或者是其他人，倾听的功效都是同样的。人们总是更关注自己的问题和兴趣，同样，如果有人愿意听我们谈论自己，我们也会马上有一种被重视的感觉。

小菲，是公司里年纪最小的，但是大家都很喜欢她。她积极、上进，总是很虚心，无论谁说话，是老总还是普通同事甚至是保洁员，关于工作的或者与工作无关的，她都能够做到安静地倾听。注意倾听别人讲话总是会给人留下良好的印象。

在小说《傲慢与偏见》中，丽萃在一次茶会上专注地听着一位刚刚从非洲旅行回来的男士讲他的非洲见闻，几乎没有说什么话，但分手时那位绅士却对别人说："丽萃是个多么擅言谈的姑娘啊！"

这就是聆听别人说话的效果。它能让我们更快地交到朋友，赢得别人的喜欢。当然，倾听不仅仅是保持沉默，用耳朵听听而已。如果我们只用眼睛或耳朵来接收文字，而不用心去洞察对方的心意，就实现不了读或听所希望达到的效果，结果只是浪费时间，并不能达到有效沟通的目的。

真正的聆听，是要用心、用眼睛、用耳朵去听。不但要学会用耳朵倾听，还要学会用心去聆听。

当对方说话内容很多或者由于情绪激动等原因，语言表达有些零散甚至混乱时，我们都应该耐心地听完他的叙述。即使有些内容是我们不想听的，也要耐心听完。千万不要在别人没有表达完自己的意思时，随意地打断别人的话语。当别人流畅地谈话时，随便插话打岔，改变说话人的思路和话题或者任意发表评论，都会被认为是一种没有教养或不礼貌的行为。

要使别人对我们感兴趣,那就先对别人感兴趣。问别人喜欢回答的问题,鼓励他人谈论自己及他所取得的成就。不要忘记与我们谈话的人,对他自己的一切,比对我们的问题要感兴趣得多。

总之,聆听需要做到耳到、眼到、心到,当我们通过巧妙的应答把别人引向我们所需要的方向或层次时,我们就可以轻松掌握谈话的主动权了。

能做个耐心的听众是一件难能可贵的事。不管是在日常的社交过程中,还是在职业场合里,都要学会做一个有耐心的听众,并且把我们对爱人的尊重和诚意表现在脸上,这样我们将会有意想不到的收获,并会成为一个幸福的人。

夫妻之间,沟通也不能直来直去

夫妻之间沟通需要转转弯,同时也渗些爱意的成分。我们是否知道自己经常在接受"他"的考试?而且是以各种不同的方式?当男人问他的妻子:"假使我调职了,我们要搬到别的地方去住,该怎么办?"妻子的反应多半是:"什么意思?搬到别的地方去住?我跟小王做了十年的邻居,我才不要搬家呢!"其实他想听的是:"不管住哪儿,只要我们在一起,我就高兴。"这样的一句回答顿时会使满屋生辉,充满和谐的气氛。这时候他就会把心里的矛盾和苦恼一股脑地向妻子倾吐。一个男人只要体会到真正地被爱,他会为了心爱的人尽其所能地做出最好的决定、最佳的表现。男人还喜欢提出的问题是:"要是我升不了职该怎么办?"妻子们最常见的反应是:"为什么问这种问题呢?""别这样嘛!""只要努力,你肯定会有升职的一天!""啊呀,要是你升不了职,我们怎么让孩子念完大学?又怎么跟得上通货膨胀呢?"再或者:"要是升不了职,你就冲进上司办公室告诉他你绝对够格!"而男人真正想听的是:"那有什么关系,日子紧点过,紧紧腰带就没事了。我们在一起才是最重要的，亲爱的，我爱你。"

有位朋友在先生失业时的回答正是如此。几乎没有一天他的先生不问这句话："要是我找不到工作怎么办？我们该怎么生活？"也就在她发觉自己的婚姻已经濒临险境时，她设身处地地接纳并投入了先生的怀抱。她对她先生说："我们开始的时候本来就什么都没有，现在可以重新开始了。只要我们同心协力就一定能够渡过难关。"她说："凭着我这一点点的支持，先生的态度也变得温和起来，就像找到了对抗逆境的生力军。"这位朋友说："现在，每逢先生回顾那些艰苦的岁月，他便会拥着我，告诉我当年我的爱和那份执着，对于他的意义是多么的重大，使他解除了好多好多的压力。"要爱就应该"爱他的本色"，这项原则让这位朋友发挥得淋漓尽致，应用得也正是时候。

还有一位女士回家后，她丈夫焦躁地对她说："我开始秃顶了，你看，头发越来越少。"她一把搂住他说："那有什么关系，我爱你，很高兴你是我一个人的。不管有没有头发，我都觉得你是最英俊的男人。"其实，这位丈夫的问题就是一项考试，假若她这么回答："哦，你可以去做毛发移植嘛，现在很普遍，价钱也不算太贵。"更糟的情况是：假若她笑得支支歪歪地说："真不敢想象你秃顶的样子，太可怕了！"她不但没有说这些话，反而向丈夫再一次地证明她的爱，而他自然是以亲吻和绵绵的情话做回报了。

一位五十多岁的女士，曾经腼腆地谈起丈夫对性无能的恐惧。她说有天晚上，她想和先生进行夫妻之事时，先生突然说："我不行。"她当时的第一个冲动反应就是生气。这可好，她想，月底就要出差了，他现在不行，就是代表不想。但她并没有发作，反而以无比体谅的语气说道："没关系。其实我最在乎的是你搂着我、抱着我的那种感觉。"丈夫说："我58岁了，真要是往后再也没法做了那该怎么办？"（又是在考试。）她答道："没什么啊，我现在爱你，永远爱你，不管发生什么情况。你最近压力太大，难怪没办法放松自己。"她丈夫忍不住地说出自

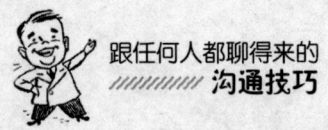

己是否该去看看医生,她坚决地向他再一次的保证。"不必,"她说,"我认为你只要想办法尽量放松心情就行。"她温柔地抚摸着他的头发,爱意无限地对他说:"最要紧的一件大事就是我好爱好爱你,现在我只想要你搂着我。"于是两个人相依相偎地进入梦乡。

还有一位女士说她去心理咨询大夫那儿吐露过心事。她觉得丈夫只有在屋子里一尘不染时才爱她,而她真正需要的却是希望他爱她在先,而后她才有打扫清洁的力量。有时候被爱在先头感觉的确很重要。如果因为做些什么或是有些什么才被爱,那任何人的感觉都是"被利用",而不是"被爱"。爱的给予应该无条件和不求任何回报。应该这么说:"爱你,因为是你;生命中能够有你是多么的幸运!"

用温柔的沟通方式,来俘获男人的心

女人一定要温柔,因为温柔才是王道。温柔似水,才能以柔克刚。如果我们认为自己没有聪明的头脑,广博的才学,如果认为自己没有美丽的容貌,魔鬼的身材,不要独自悲伤,因为至少我们还拥有女人特有的温柔。当我们用温柔的语调与他交流,当我们用温顺的眼神向他微笑,我想世界上没有任何一个男人可以抵抗温柔带来的力量。这种柔情能够渗透到男人的每一根血管,让他倍感舒适,倍感温暖。

每个女人都希望把老公的心牢牢地抓在自己的手里,然而想做到这一点,光靠蛮力是不行的,这是对女人情商的一种考验。要知道,男人一般是不"谈心"的,想要让男人对我们没有任何秘密可言,其困难程度不亚于让一个女人心甘情愿的宽衣解带。俗话说得好:"女人需要男人疼,男人需要女人的理解!"作为女人要想真正了解自己的男人,首先就要学会温柔。

婚姻中的沟通是要讲求策略的，爱情也有三十六计，温柔的语调就是其中一计，不管我们在经历怎样的情感生活，温柔永远都是女人的致命武器。

王慧和李飞结婚不到半年，却天天为了周末在哪里度过而吵架。"凭什么啊，凭什么又要到你家去吃饭啊，各吃各的有什么不可以的？"王慧一脸委屈地向老公发问道。"就因为咱俩老不回家吃饭，我妈刚才在电话里把我骂了个半死。不过说句实话，我妈也不是傻瓜，咱俩老这么躲着她，他一定会看出来的。"李飞惨惨地对王慧哀求道。"看出来也没啥！"王慧开始泛起小嘀咕来。"我们老到你家那边吃饭，我家那边肯定会有意见的，上周不是刚刚去过你家了吗？一个多星期没见，我妈肯定想我了。好老婆，今晚就到我家去吃饭吧，咱们明天再去陪你爸妈行吗？我今天晚上要是不回家吃饭，我就死定了。"李飞苦苦地哀求着。"不行！要回你自己回吧！我得回去陪我妈！说真的，我一见你妈就犯怵，那么多要求我可受不了，真让人害怕。""怕什么啊，有我呢，她又不会吃了你，最多训你几句而已。你就应该多向我学习学习，脸皮厚一些就没事了，我妈怎么骂，我一耳朵听一耳朵冒，要不然早被气死了。"李飞用恳切的目光央求着王慧。

"哎呀，算了，听你的，回家吧，臭老公，怎么这么烦人啊。"见老公如此为难，王慧实在是不忍心了，用娇滴滴的声音温柔地答应了。"啊，老婆大人，你实在是太好了，太通情达理了，爱死你了，明天就是再忙我也一定跟你一块儿回你家吃饭。"李飞激动地称赞着自己的老婆。"你才知道我好啊？娶了我你就是中大奖了，那是你几辈子修来的福气。""那是当然了，你是我这辈子最大的幸福。""不行，你今天欺负我了，作为偿还，你必须亲亲我、抱抱我才行呢！"话说到这里，王慧开始跟老公撒起娇来。这招用在李飞身上的确很受用，他赶快把小娇妻抱在怀里，亲吻着她的脸颊，抚摸着她的头发。

第二天一大早，王慧和李飞两口子就去了娘家，李飞因为妻子温柔

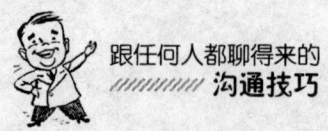

贤惠识大体,买了很多礼物给老丈人,结果可以说是皆大欢喜。后来李飞也常常在外人前夸奖自己的老婆善解人意,自己能找到这样柔美的老婆真是太幸福了。

女人特有的武器就是温柔,哪个男人不害怕这样的"武器"呢?但也有很多女人忘记了温柔,她们虽然每天把家里的任务做得面面俱到,但却因为坏脾气,来吆喝孩子和指责老公,这样的女人就不温柔。于是老公的心转移了,她又会拿自己的付出来说事。然而自己没有意识到,这样的结果完全是由自己亲手造成的,身为女人,不单单要勤劳持家,还要学会和丈夫互相取悦,保姆、管家婆不是男人真正需要的,男人需要的是一个温柔、善解人意的老婆。

有的时候婚姻就如一杯白开水,你放糖进去它就是甜的,你放醋进去它就是酸的,你放苦丁进去它就是苦的。得到幸福有的时候并不是那么困难的一件事情,关键就在于我们怎么去经营自己的婚姻,调解我们与老公之间的关系。出现矛盾也好,有了冲突也罢,只要我们善于应用自己的温柔,就没有什么问题会成为真正的问题。夫妻是婚姻的主角,世界上很少有一个男人喜欢和一个讲话粗野、行为泼辣的女人长久地生活在一起。尽管抱得美人归是每个男人心中的梦想,然而并不是所有人都能如愿。作为一个女人,我们可以没有倾国倾城的容貌,但我们绝对不能失去面对男人时的体贴入微。有的时候,温柔的语调就是一根无形的绳索,它可以帮助女人牢牢地拴住男人的心。男人最讨厌的就是一哭、二闹、三上吊的老把戏,真正的好女人,懂得如何经营自己的爱情,让我们用温声细语代替河东狮吼,用温柔的安慰代替满肚的埋怨。当我们把最为美妙的声音、细致的言语给予老公的时候,自己也收获了温暖和幸福。

有时候,婚姻就是这样的,用温柔去赢得男人的心吧!只要真的用心去做了,就一定能得到回报。当我们用温柔把男人的"面子""里子"都给足的时候,他也就乖乖成了我们感情的俘虏,沉醉地靠在我们身边,久久不愿离去。

有时善意的谎言，可以让婚姻更和谐

有人说爱情是容不得半点欺骗的，两个人要彼此真诚，彼此信赖。然而现实有时候总是让我们感觉到它的残酷，直白的谈话方式往往让我们无法接受。有人曾经说过这样一句话："撇开道德，善意的谎言是一种智慧。"之所以谎言被人们给予如此高的评价，是因为实话有时更伤人心，更不利于彼此的相处。生活中，经常能碰到一些善意而美丽的谎言，这些谎言构成了人生的另一种风景。它丰富了人们生活的情趣，使我们的婚姻生活更为和谐，更为愉快和美满。

从很小的时候父母就教育我们说："要做一个诚实的好孩子。"岁数越来越大，时光流逝，我们已经由妈妈的孩子，成为了孩子的妈妈。但这句话却深深印在了很多女人的心里。在大多数人看来，婚姻应该是没有谎言的，两个人要想长长久久在一起，首先就要做到彼此真诚。这话虽说不假，但有时候真诚的谎言也是很有必要的。它往往比实话来得更贴心，给人一种安定而温暖的感觉。

也许大家都认为，说谎是不良行为，但相处中，偶尔还是需要一些善良的谎言的。诚实不分场合，就会伤人伤己。不以利己为目的的谎言就是善意的，在适当的时候说出的谎言，饱含真诚和温暖，能让说谎者与被"骗"者共享欢愉。

有人说："撇开道德的标准，善意的谎言就是一种智慧。"你也许渴望拥有一段没有欺骗的婚姻，却不知道真实的谎言有时也是对自己的一种慰藉。如今这个时代，现实真的越来越残酷，当我们疲惫不堪的时候，真的希望能有一个人好好宽慰自己一番，哪怕他说的都是一些不可能实现的事情，

却能带给自己一份满足。一些时候，真诚的谎言就是这么有魅力，它总是有着这么一股莫名的力量，即使让人知道自己受了欺骗仍然能够倍感幸福、倍感喜悦，甚至流下感动的泪水。

　　李梅和王海是经人介绍走到一起的，第一次见面的时候，他们相约在一家咖啡馆见面。两个人都很紧张，不知道说些什么，东拉西扯还是感觉没有什么共同语言，让李梅觉得坐在她眼前的这个男人一点特点都没有，看着王海通红的脸，李梅准备找个说辞离开。正当她想着如何开口时，王海却叫来了服务员说："您好，不好意思，能不能往我的咖啡里加点盐？"这句话引起李梅的好奇，她心想自己也不是第一回喝咖啡，从来没听说过往咖啡里加盐的。

　　于是李梅微笑着问王海："你怎么爱喝加盐的咖啡啊？""哦，我的家在南方沿海城市，小时候总是在海边玩耍，现在离开家已经很久了，却很迷恋家乡海水咸咸的味道。所以每次喝咖啡的时候我都有意往杯子里放点盐，聊以自慰，以解思乡之苦。"听了王海的一番话，李梅也想起了自己的家乡，自己已经在这个大都市奋斗了5年的光景，却很少回家。她忽然觉得这个男人是可以依靠的，他们都是恋家的人。于是两个人终于找到了闲聊的话题，他们从自己的故乡谈起，又说到了自己现在的事业和理想，之后又聊到了彼此对人生的态度，时间随着咖啡店里复古的钟表滴滴答答地流逝，两个人聊得越来越投机，久久不愿散去。

　　就这样，王海和李梅经过一段时间的了解，正式确立了恋爱关系。李梅发现自己和王海竟然有这么多的共同点，很庆幸自己当初没有草率离去，不然可能会错过了这段美好的姻缘。他们仍然经常去那家咖啡馆聊天，每次喝咖啡的时候李梅都会主动要求服务员往王海的咖啡里放一点盐。

　　就这样他们终于步入了婚姻的殿堂，彼此相爱，生活也过得舒服惬意。李梅经常主动给王海煮咖啡，然后细心地撒上一点盐。直到有一天王海不幸得了不治之症，在他即将离去的时候给李梅写了一封信，其中有一段是这样写的：

我可爱的妻子，还有一件事情我必须向你道歉，那就是我并不喜欢喝加了盐的咖啡。第一次见你时我就被你的文静深深吸引，却不知道该怎样和你交流。眼看你有了去意，我开始着急了，所以就紧张地让服务员给我的咖啡里放点盐。本来是想缓和一下气氛，可没想到我的这个举动，却帮助我们打开了话匣子。我曾经想过把事实的真相告诉你，可又怕你会生气，所以这种咖啡里加盐的生活就这样继续下去了，但是，我觉得我是这个天底下最幸福的男人。现在我要先走了，真的没有跟你过够啊！如果有来世，我还愿意跟你做夫妻，只不过，你一定要记得千万不要再往我的咖啡里加盐了。最后深深地向你道个歉，千万不要因为我欺骗了你而生气啊……

看了王海的信，李梅感动得泪流满面，想不到这个男人这样骗了自己一辈子，将加盐的咖啡喝了一辈子，为了这个不经意的谎言坚持了一辈子，可见他对自己的爱是多么深。尽管受了骗，李梅还是觉得很幸福，她自言自语道："来世我们还做夫妻……"

一个真诚的谎言，带给了李梅一辈子的幸福。尽管这个男人骗了她一辈子，却仍然让她倍感幸福。这就是爱的谎言带给人与众不同的力量。它虽然并不是真实的，却让人听起来暖暖的。它让对方甘心情愿地被欺骗下去，并将这种欺骗看成是一段美丽的回忆，沉迷其中，久久难以忘怀。

如果说两个人相遇，爱了是一种偶然，那么走到一起，相互温暖就成为一种必然。谎言也许会让我们认为那是一种对彼此不忠诚的表现，却忘记了那些真诚谎言带来的甜蜜。这种甜蜜可以转化成一种眷恋，当两颗心因为一句温馨的谎言碰撞出了爱情的火花，当一句暖暖的谎言在瞬间赶走了冬夜里的严寒，谁也抗拒不了那发自内心的幸福感，这种"欺骗"的力量，总是让我们爱得更炽烈，尽管那些话不是真实的，但对于真正感受到这种"被骗"

滋味的人来说，一切都是温暖的，一切都是幸福的，一切真不真实已经不重要了。

欣赏和赞美，带来更多的爱

欣赏和赞美是夫妻关系的黏合剂，是栽培好男人的优质土壤。千万不要吝惜你对丈夫的夸奖，男人一分好，你要夸三分，这样绝对会收到意想不到的效果。要使家庭美满，欣赏和赞美是必不可少的，这会让对方时刻感受到我们的爱。

当他辛苦一天回到家后，真诚地送上一句"你辛苦了"，他会感到无比幸福和温暖；当他端着可口的饭菜送到我们面前时，我们千万不要忘了说声"谢谢"；当我们依偎在他宽阔的肩膀避风避雨时，当我们心中的坚冰被他温暖的目光融化时，我们也不要忘了说声"谢谢"。用我们的言语绝对能夸出一位好老公，只有不吝惜我们的赞美之词，我们才能让他感受到我们浓浓的爱意，婚姻才会变得更加幸福、美满。

汤姆·琼斯顿的一条腿因为战争落下了残疾，腿上疤痕累累。但让他感到欣慰的是，他还能够从事他喜欢的游泳运动。

一个星期天，也就是他出院以后不久，他和他的太太去海滩度假。琼斯顿先生在做完冲浪运动后，躺在沙滩上享受日光浴。不久，他发现大家都用异样的眼神盯着他看。从前他并没有觉得自己的腿有多显眼，但是现在他知道了。

第二个星周日，他的太太提议他再到海滩去度假。这次琼斯顿拒绝了太太的提议，他宁可待在家里也不去海滩。他太太却不这样认为。"汤姆，我知道你不去海滩的原因。"她说，"你开始对你腿上的疤痕产生自卑了。"

"我承认我太太说得对，"琼斯顿先生说。她说："汤姆，你腿上的那些伤疤是你勇气的象征。是这些疤痕让你赢得了光荣。别遮掩它们，这些疤痕是你的骄傲，是它们让你得到了军功章。现在就出发，咱们一起去游泳吧。"琼斯顿这次认同了太太的说法，他心中的阴影也因为太太的赞美之词而消除，甚至让他有种引以为荣的感觉了。

赞美是一件很棒的事情，如果我们觉得她很好就应该说出来，琼斯顿太太的话让丈夫得到鼓励，消除了他心中的阴影。赞美的力量是正面的，它就像是一盏指引在暗夜里行人的明灯，因为它的存在让人生有了更大的勇气。

相反的，如果我们只会挑他的毛病，再怎么爱我们的男人，也会对我们产生不满。

小婷跟林峰结婚两年，有房有车，日子过得还算滋润。突然的婚变却让小婷措手不及，可林峰一直坚持。离婚的事在一周内匆匆解决，林峰如此快的办事效率让小婷觉得他在外面有了女人。

林峰的同事张鹏，经常带着老婆出去玩。这让小婷非常妒忌。小婷多次跟林峰说起她的感受，他刚结婚时还用"以后多带你出去玩"搪塞，后来干脆不答理了。

他的表现，让小婷觉得他婚前说的甜言蜜语都是骗人的。这样的林峰和想象中的完全不一样，小婷觉得没必要过多争取了。所以，尽管自己很难过，依然"爽快"地和林峰离了婚。只是，他的外遇对象是谁？他是不是也对那个女人花言巧语？这个问题一直堵在小婷心里。

三个月后的一天，林峰给她打电话，说有了理想的伴侣，想在结婚前跟她吃顿饭。小婷心里忽然难过起来，却笑着说："'接班人'找得还挺快，要不带上那位，我也欣赏一下？"

那天，小婷特意去了趟美容院，她可不想输给林峰的"理想伴

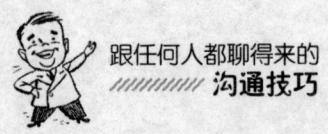

侣"。可林峰是一个人去的,看起来成熟稳重了不少。

林峰说:"你比以前更漂亮了。"小婷笑了,心里美美的,也有点苦涩,"以前我要是漂亮,你还能有外遇?"他顿时愣住了,"什么外遇?开玩笑吧,我怎么会有外遇?"小婷说:"你要是没外遇,怎么会和我离婚,还骗我?"

林峰苦笑着说:"小婷,我没有外遇,从来没有过,你不知道以前我是多么爱你。"

小婷问他:"没有外遇你干吗和我离婚?还对别人说受不了我之类的话。是我没别的女人漂亮,还是我挣钱太少?"

林峰喝完了杯中的酒,苦笑道:"和你直说吧,我爱你,可是受不了你从来不给我一两句赞美或鼓励的话。我每天那么辛苦地为了这个家,回来后你却总拿我和别人比较,说我不如这个、那个,我心里憋屈。"

小婷的泪刷地流了出来,脸上却带着笑,"我说过你没用吗?你为什么不提醒我呢?"

林峰说:"我提醒过你,可你一直那样。"

这竟然是离婚的真相。

当爱情走向婚姻,生活也许会趋于平淡,没有了热恋时的如胶似漆,没有了花前月下的浪漫。但一句赞美,一个拥抱,一杯消除疲劳的茶水,对婚姻来说都是一种对爱的表达,这对爱情来说更是一种延续。

婚后生活,男人、女人都需要赞美。伴侣的赞美会让对方心生温暖,因为他最重要的人就是伴侣了,所以,女人千万不要把你的赞美之词"藏"起来。想让丈夫给我们做可口的饭菜,我们就要用厨艺高超的话来夸奖他;希望丈夫能帮我们多多分担一些家务,我们就要夸他勤快能干。

女人要在生活的点滴中发现丈夫的优点,当赞美变成了一种习惯,我们就会发现生活到处充满阳光。

会哄男人的妻子，更有魅力

在所有人眼中，男人是坚强的代表，但是有时候他们仍然有着孩童一样的脾气。对于这些已经成熟的男人，作为女人应该如何对待呢？其实，再成熟的男人也有其幼稚的一面，他们希望得到别人的重视，渴望受到妻子的宠爱和尊重。这时候我们一定会说，过分的放纵一定会把他宠坏的，男人一旦被宠坏，后面的工作可就难做了。不用担心，男人是要"哄"的，而不是"宠"的，尽管中间只变了一个字，意思却差之千里。哄可以满足男人获得尊重的欲望，可以帮助妻子成为他最贴心的人，当然最重要的是他永远不会成为一个被宠坏了的孩子，而是我们身边最听话、最爱我们的老公。

男人很坚强，但是，他们也有自己的脾气，有时候他们就像一个孩子，希望引起别人的关注。当他觉得自己受到冷落的时候，总是会生出一些事端来引起别人的注意。有时候他们外表看上去风平浪静，但是，内心却百感交集。尽管他们有很强的抗压性，尽管他们经常摆出一副大男子主义的架子，但是，内心却渴望女人的关心和她们给予的温暖。他渴望自己的女人能够把自己视为偶像，永远觉得他高高在上，并且仰视着、照顾着他。其实，作为一个男人，常常在各种矛盾的缝隙中生存着，他们经常徘徊在希望与失望、欢乐与悲伤之间，明明内心很希望得到别人的温暖和尊重，却偏偏总是死要面子活受罪。也许这就是他们从幼年养成的习惯，尽管年龄一天比一天大了，却没有一点进步，他们就像一个"老小孩"，想要让他们高兴起来，女人一定要讲究策略，既可以让他们生活得高兴，又不能让他们得意地把尾巴翘上天。

这时候有些女人一定要挠头了，会说："我们是女人，怎么会了解男人到底在想什么呢？他们这些说风就是雨的家伙，说深了不是，说浅了他们又

把你的话当耳边风。真不知道他们脑子里在想什么。"其实,想和这些"老小孩"相处愉快也没有那么困难,只要我们记住一句话就完全可以搞定了,那就是:"男人要哄不要宠。"

要知道,男人都是渴望被肯定的动物,只要我们掌握好"哄"的分寸,适当的鼓励,适当的夸奖,他们就会很顺从我们的意见,屁颠屁颠的去做我们想要他们去做的任何事了。可现在有很多女人却偏偏掌握不了这种独门武功。一些女人总是在自己的爱人面前彰显自己全能的本领,洗衣、做饭、工作、带孩子样样不用他操心,慢慢这一切都形成了习惯,男人被这种优越感宠上了天,认为一切本应如此,接受起来也越发心安理得。直到有一天,女人被累得心力交瘁,满肚委屈,他们还浑然不知,更有甚者还会上来说两句风凉话,让我们心里又痛又气。可是我们想过没有,这又能怪谁呢?要不是当初我们把他宠上了天,也不会落到这步田地。

惠茹和任静是大学里的同学,关系又分外地好,毕业以后也恰好分到了同一家集团公司,在事业方面两人可以说是不分上下。可当她们进入婚姻以后,却过上了截然不同的日子。

惠茹是一个好强的女人,结婚以后,真可以算是家里家外一把好手,一点都不用老公操心。每天没等老公回家,饭菜就做好了,家里的卫生也被她他打扫得一尘不染。除了这些优点以外,她对孩子的教育方面也很重视,只要一有时间就亲自辅导儿子功课,儿子的成绩在她的辅导下也是名列前茅。然而就是这样一位看上去接近完美的人,却还不能让老公满意,他经常抱怨惠茹唠唠叨叨,实在烦人,还说她总是把注意力集中在孩子身上,一点都不照顾他的感受。更过分的是,只要地上有一点脏东西,老公就会皱起眉头说:"你今天没擦地啊,怎么地这么脏啊?"听了老公在人前对自己的评价,惠茹既委屈又生气,明明自己已经很努力了,每天勤勤恳恳,什么都不想让老公多费心,却把老公宠成了这样,仿佛自己所做的一切都是理所应当。于是经过长时间思考,她决定和老公解除婚姻关系,理由就是:生活已经没有幸福可言,老公太过于挑剔,她永远达不到他的那些要求。

相反任静就要比惠茹聪明得多,在家庭生活上她可以说是一帆风顺,每天回家以后,老公就会把可口的饭菜端上桌,还高高兴兴地协助她一起做家务、照顾孩子。

这让惠茹很是不解,于是就向任静取经。听了惠茹的抱怨,任静笑笑说:"你啊,就是把你老公宠坏了,男人可千万不能宠,而是要哄的。"原来,一开始任静的老公也是不爱做饭的,偶然做了一次,任静就装出吃得津津有味的样子说:"哇,老公,你不经常做饭,想不到你厨艺如此精湛,如果以后能天天吃到你做的饭那就太有福气了。"任静这么一说可把老公哄高兴了,结果每天任静回家,都能吃到老公为她精心烹制的美味佳肴。这时候任静又开始撒娇道:"老公啊,咱们结婚那么长时间了,每天咱俩就知道在外面忙来忙去的,咱们家越来越脏了,我知道你肯定舍不得我一个人打扫,你是最爱我的,是不是啊?你是我最好的老公了!"听了妻子半带撒娇的话,这个男人有了种保护自己女人的欲望,于是两个人一起劳动起来。尽管任静的老公没有惠茹老公在家里那么轻松,却总在人前夸耀自己的老婆温柔贤惠。

两个女人,在婚姻面前却拥有着截然相反命运:一个费力不讨好,把老公伺候得舒舒服服却委屈了自己;一个没有费多大力气,却把老公管教得温顺又听话,更加疼爱自己。我们也许在感叹惠茹的不值,我们也许会羡慕任静的智慧。总而言之,这个故事让我们深深领悟到了"哄"与"宠"的区别,虽然仅仅一字之差,对男人的效果却是天壤之别。我们经常觉得命运不公,为什么别人那么幸福,而自己的婚姻却这样乏味艰辛。但我们总是忘记,有些时候是我们自己在生活中埋下了错误的种子。幸福是需要用心去经营的,女人在丈夫面前要有自己的原则,不要自己承担所有,毕竟你们两个是一家人,应该同甘共苦。只有真正懂得生活的人,才能把自己的日子过的

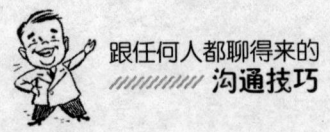

更稳固、更完美。

婚姻若是冷漠，家只是个冰冷的房子

印度诗人泰戈尔在他那首著名的诗《世界上最遥远的距离》里，有这样几行诗句："世界上最遥远的距离／不是生与死／而是我就站在你面前，你却不知道我爱你……世界上最遥远的距离／不是明明无法抵挡这股想念，却还得故意装作丝毫没有把你放在心里／而是用自己冷漠的心，对爱你的人，掘了一道无法跨越的沟渠……"

冷漠是一个黑色的、缺少生命力的词，它是婚姻中最具杀伤力的"武器"，它是对情感的蔑视，是对婚姻的一种否定。如今它已经成了家庭冷暴力的一个新概念。冷漠的出现，往往带来婚姻的不幸。

在现代的家庭中，夫妻双方这样的冷淡关系已经成为一种常见的生活方式。这就是人们常说的"家庭冷暴力"。这种暴力让很多人都痛在心里……

一位正在遭受冷暴力伤害的女士这样说道："我们每天几乎都不说话，我有时想和他做一些沟通，可是他却一副冷冷的样子，我的话根本就说不出来。如果再这样下去，我的精神真的要崩溃了。"

曾对浙、湘、甘三省众多家庭作过调查的中国法学会发现家庭中若有矛盾存在，"冷暴力"是这其中六成家庭的"常客"。还有一些专家甚至表示："实际上每个家庭都出现过不同程度的'冷暴力'。"

关于冷暴力，真的可以说是众说纷纭。那么冷暴力究竟是什么呢？是用言语组织的谩骂攻击吗？还是从精神方面对对方的漠视？我们用这样组词"冷酷""暴戾""杀伤力"拆解了"冷暴力"的含义。

家庭为什么越来越多会陷入失守于情感婚姻的阵地？这惊人的数据背后究竟意味着什么？

小西出嫁的前一天，奶奶告诉她，夫妻之间的争吵是不可避免的，但是谁打赢了结婚后的第一场"战争"，那么谁从此就是家庭的主宰，以后另一方就会言听计从。小西对此深表怀疑，觉得只是一种说法而已，两个人好好的吵什么架呢？

在婚姻中，总也不吵架的夫妻的确很少。小西也不例外，蜜月刚过，小西和老公的战争就来了：谁做饭洗碗，吵；谁拖地叠被子，吵；下班回家晚了，吵；和朋友喝醉酒了，吵……只是两人都"斗志昂扬"，从来没分出胜负。小西想起那个说法，是不是自己一开始没赢了他，才让自己后面的战争总是没法获胜？

可是现在已经这样了，索性就这样继续下去，于是，双方谁也不服输。渐渐地，俩人在一次次的争吵中都疲惫了、倦怠了，双方就陷入了"冷战"的僵局。两个人一连几天都不会说话。好不容易结束一场冷战，新的冷战又开始了，在这里你看不到硝烟弥漫，婚姻也因此变得摇摇欲坠。到了最后，两个人索性连冷战都懒得战了，有的只是彼此对视时那种冰冷的眼神。

在现实生活中，夫妻吵架很正常。只要是世俗的人，就不可能不吵架，就是非常恩爱的夫妻，也在所难免。但是，如果争吵成为一种习惯，那么这场战争一定会旷日持久，最终会毁掉婚姻，到了最后，不是不战，而是冷漠了。如果在平常的生活中，双方总表现出冷淡、轻视，就说明感情出现了问题。这些问题，可能过一段时间就会好，也可能让双方陷入到最终离婚的境地。

两个人几天不说一句话，虽身处一室，却视对方如空气一般，这就是夫妻间冷漠的表现。冷战和冷漠不同，冷战虽然对双方是一种折磨，各自也深知对方会为冷战而难受，但是这也是冷战的意义所在；冷漠是双方表现出一种对峙的状态，是眼里心里有对方却静观其变，在这种对峙中可能和解，也

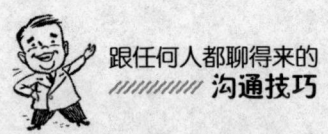

可能让婚姻土崩瓦解。前者开始和平、安定的幸福生活,后者则慢慢把夫妻变成了冷漠的两个人,于是开始对对方熟视无睹、可有可无。这样的战争到最后的结局是都能预料到的。当家庭中充斥着"冷暴力"时,夫妻双方应当敞开心扉,从思想感情等方面入手交流,让彼此的不满得到宣泄,以此来达到提高婚姻质量的目的。

许多婚姻的破裂无不是经历争吵、冷战,到冷漠的过程。当冷漠来了,婚姻就走进了坟墓。冷漠就好像一把双刃刀,在一面冲向对方的同时,别忘了刀的另一刃正对着自己。何不通过沟通来化解这层坚冰,有时候一个关切的问候、一个微笑、一次耐心的倾听、一个拥吻、一份小小的礼物都可能化腐朽为神奇。

第十章 蹲下与孩子沟通,才能走进他的内心

尊重孩子，成为他的朋友

俗话说，尊人尊自己。在与别人的相处和沟通中要尊重对方，那样对方才会更容易接受我们，才会相处融洽。在家庭教育中，家长的传统教育往往忽略了这一点。

在一份调查中发现，家长们不尊重孩子主要表现有以下几个方面：

1. 对孩子的不信任，家长不听孩子的任何解释；
2. 家长老说让自己孩子伤心的话，武断专制地否认孩子的想法，或者直接不理睬；
3. 常违背孩子的意愿，让孩子参加各种各样的学习班；
4. 家长对孩子的交友圈缺乏最起码的尊重；
5. 一揽子都为孩子考虑，从不问孩子是否愿意去做；
6. 家长偷听孩子电话、偷看孩子日记。

很多家长都把自己对孩子的教育专制看得很重要，有些家长从没有真正了解过自己孩子的内心想法。家长望子成龙的心是可以理解的，但他们却总是不能和孩子进行有效的沟通，因为家长仅仅是从自己的立场出发要求孩子做这做那，从而将孩子本身的特点忽视，进而将无形的心理压力带给了孩子，这样错误的家庭教育方式家长们总是意识不到，最后导致孩子和自己的感情渐行渐远，孩子犯的错误也越来越多。从更深层次上来说，这是源于家长没有真正成为孩子的朋友，无法走进孩子的内心世界所致。

程老师发现，王晨同学最近的成绩有了显著提升，而且现在上课也不再像以前那么捣乱了，为此他十分好奇。趁着周末，他到王晨家进行

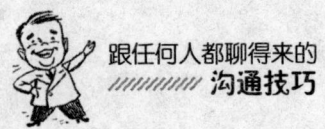

了家访。

是王晨的妈妈接待了程老师,王晨妈妈感慨颇深地说道:"只有和孩子平等交流才能真正走进孩子的内心世界,才能对孩子真正起到鼓励和帮助的作用。"

妈妈说:"两个月前王晨一直沉迷于网络游戏,对此,我和他爸打他了,骂他了,但是王晨对我们的话无动于衷。我们为此感到心灰意冷。"

程老师急切地问:"那你们后来用了什么方式方法让王晨发生了改变呢?"

妈妈说:"一次,我向一个朋友寻求帮助。他问我是否真正了解孩子,孩子玩网络游戏的原因是不是厌恶学习。一句话点醒梦中人,长期以来我们只注重监督、督促王晨学习,却不曾真正与他沟通,走进他的内心世界。某天回家后,我问儿子会不会因为学习感到乏味和枯燥,儿子听到我这样问也感到很意外,接着他就如实相告,说有时候甚至产生了退学的想法。我接着说自己也在工作上遇到了很多烦恼,希望他能给我一些建议。这时,我把儿子当做朋友,将工作中的不顺心事都告诉了王晨。"

妈妈继续说:"想不到王晨小小年纪就有如此强的分析能力,我第一次由衷地称赞了儿子一句:'你太让妈妈意外了,你比妈妈强!'没想到,儿子就此一发而不可收拾,他也将心中的烦恼都告诉了我。从此,孩子和我成了无话不说的好朋友,王晨也渐渐走出了网瘾的困扰,学习成绩也大幅提升。"

现代家庭教育的有效途径就是和孩子交朋友,而家长和孩子交朋友的时候要放下架子,尊重孩子的人格,因为尊重孩子是家长走进孩子心灵的第一道阳光。信任和平等是建立在家长对孩子尊重的基础上,如果缺失了尊重,谈何平等,没有了平等又怎么会进行有效地沟通呢?孩子的心理需求应该得到家长的重视，家长如果能耐心听完孩子发表的一些意见，给孩子多一些的自由，孩子才会将自己内心世界的大门真正为家长敞开，对于家长的教诲才乐于接纳。让孩子感受到快乐，给予孩子一些做事情的决定权，这是家长与孩子成为朋友的重要前提。家长要经常温和地对孩子说：还是你自己来决定吧！这样的话，孩子就会感到有主人身份般的满足感。家长必须要明白自己和孩子是平等的，没有因为彼此间的年龄和辈分不同而导致地位的差异，家长和孩子应该更像是朋友关系。在对待学习这个问题上，家长不要给自己督促孩子学习这样的定位，家长这样做只会是用一张刻板的脸面对着孩子，要求他们好好学习，试问在这样的环境下哪个孩子会真正做到好好学习呢？正确的做法就是和孩子一起学习，一起进步。出现问题时，父母就别在孩子面前摆家长谱儿了，向孩子虚心求教，共同讨论问题，最后的决定一起来完成，这样才能成为孩子真正的朋友。

家长对孩子态度的好坏是家教成败的关键所在，特别是在和孩子说话时家长所表达出的语气，会深深影响到孩子的情商和修养。家长必须尊重孩子，对待孩子应该表现出充分的信任。如孩子想学打篮球，家长可以用尊重孩子的态度说："只要你努力学打球，认真的学一定能学会的。"这样家长就无形中给了孩子自信，并让其知道只有努力才能获得成功。

假如用的是不尊重不确定的态度："学什么都是三分钟热度，我劝你还是不要打球了！"这样就会给孩子的自尊心和自信心带来伤害。孩子从两三岁的时候，自我意识就开始处于萌芽状态，随着孩子年龄的增长，孩子的自我意识会愈发强烈。孩子有了自己的做事情的主见，这就说明孩子已经了解自己的力量和各方面的能力。当孩子提出与家长不同看法和要求时，家长不要认为是孩子不听你的话，而粗暴地反对和否定孩子。打个比方如家长要求孩子学外语，可孩子还想再和小朋友们玩一会，这时候家长不能发脾气："你怎么越大越不听话，不好好学习看你长大了将来能做什么。"这样只会让孩子对学习产生更强烈的厌恶心理。家长给予孩子尊重的语气："玩一会就回来学英语吧，怎么样？"孩子就会欣然接受了。在家庭教育中，家长在

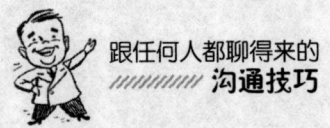

心里应该首先知道每个孩子都是有自尊的。当我们想让孩子去做一件事情的时候，先要用商量的语气来征得孩子的同意，以此来表明家长满足对孩子的尊重。当家长发现孩子身上的优点时，一定不要吝惜自己的赞赏，因为赞赏会让孩子表现出自己更多的优点。家长要孩子做事情没有错误，这是不可能的。当孩子做错了事，家长不要只知道批评责备，而是应该帮助孩子在错误中总结和积累经验，鼓励获得成功。

爱孩子的具体表现就是家长对孩子的尊重，这种爱孩子的表达形式是正确的。孩子受人尊重是从家长那里得到的，孩子尊重别人的概念也是在家庭或者日常生活中逐渐建立起来的。孩子自尊心的形成源于家长对自己的尊重，孩子的个性是在家长给予孩子尊重的条件下所建立的。所以家长要尊重孩子的兴趣和爱好。家长不应该在别人的面前讨论或教育自己的孩子，那样会伤害孩子的自尊心。家庭教育中的尊重也是相互的，孩子需要家长的尊重，但家长也要培养孩子尊重别人的好习惯。

现如今大多数年轻的家长都受过良好的教育，能够比较全面地认识孩子的成长需求，这些家长在日常生活中确实能尊重孩子。但还是有一些家长虽然知道孩子需要尊重，但他们往往不能真正做到尊重孩子。家长要想学会尊重孩子不是一件简单的事，因为它不是短时间就能学会的，它是建立在彼此正确认识的基础上的。

在社会快速发展的今天，人们越来越重视孩子的权利问题。孩子成长的过程是一个遵循自然规律的过程，孩子的生理和心理发展都有其内在的发展规律，然而家长们都希望自己的孩子将来学习好。受到这些影响，家长急切地想让孩子学习更多的文化和技能，等孩子将来在初中或者是高中的时候会更轻松更好一点。但是如果家长违背了孩子发展的正常规律，往往就会把事情弄得很糟糕，这样不仅达不到家长所要求的效果，还会影响孩子的健康成长。如果在这种状况下，家长对孩子能尊重，那就谈不上了。

教育家卢梭曾经说过："大自然希望儿童在成人以前，就要像儿童的样子，如果扰乱了这个次序就会造成一些果实早熟，它们长得既不丰满也不甜美，而且很快就会腐烂。"也就是说孩子需要的是自然发展，孩子在两三岁的时候，其自我的意识会慢慢形成，孩子们会提出"我自己来做"的要求和想法，这是孩子在该年龄段正常的心理特征。可是许多家长还是生怕做不好，家长总是代替孩子去做，从而限制了孩子学习和锻炼的成长机会。当孩子长大后什么也做不成或是做不好，家长又会对孩子横加指责和埋怨，孩子是难以接受这样不公平现实的。家长应该给予孩子随年龄增长的独立意识的支持，这种支持不仅仅表现在口头承诺上，更要求家长对孩子付出实际的支持行动，以此来表达对孩子的信任和尊重。

尊重孩子的同时，家长还要注意保护孩子的自尊心。自尊心是孩子们成长的动力。合格的家长更注意保护和增强孩子的自尊心。孩子的自尊心不可随意伤害和践踏，家长们应该深知这一道理。孩子除了家长给予的环境条件外，还有渴望得到尊重。孩子的自由权利应该还给他们，让孩子自己选择的同时尽情去发现属于自己的美好吧。

由于人类受遗传因素和不同环境教育的影响，孩子与孩子间是存在着一定的差异，这并不是很奇怪。可是有些家长总是喜欢拿自己的孩子与别人的孩子比，当自己的孩子比别人强时，家长就沾沾自喜，反之家长就不停地数落孩子，这样很容易使孩子迷惘。将孩子的性格罗列出来，告诉他们是独一无二的，别人是无法替代他们的。

总而言之，在家庭教育中家长要与孩子做朋友，那样才能全面了解孩子的情况，那样才能有针对性地纠正孩子的缺点，改变孩子错误的认识。而孩子因为家长像朋友那样和自己交流，也会乐意接受家长的指导与教育。尊重并不等于一味顺从，尊重孩子要与要求孩子做一个和谐的统一。父母只有放下家长的架子，才能让孩子感受到自己和家长是平等的，这样才能找到孩子与自己心理上的平衡与默契。让孩子们从家长的关爱和尊重中感受到自己的价值，并从中学会尊重别人，这样才是正确的家庭教育。

常和孩子沟通，消除彼此之间的那道"沟"

事实上，父母与孩子之间有代沟是很正常的。如果父母与子女之间尽量保持平等的关系，彼此尊重对方的生活习惯和想法，父母经常与孩子保持思想交流，就非常容易消除代沟。

然而，说起来容易，做起来难。很多父母给孩子提供了丰富的物质条件，却不能理解孩子的内心世界；对孩子的学习成绩要求很高，却不给孩子宽松的学习氛围。甚至有一些父母习惯于居高临下的命令式教育，没有考虑孩子的感受，从而导致孩子的心离父母渐行渐远，而父母却感到很"委屈"，认为对孩子关怀备至，孩子却不听话。

一个上中学的孩子说，他已经长大了，知道父母为了这个家很辛苦，他们不但要关心家庭、社会上的事，还要关心他的学习，甚至在每天的饭桌上都要抓紧时间教育他。但是父母很少关心他究竟在想什么，每次交流的时候都是围绕着学习。最让他难过的是，父母总是把他当成一个幼稚的、毫无想法的小孩。每当他针对学校里发生的事情在父母面前发表自己的看法时，父母就显得很不耐烦，特别是妈妈，她总是挥挥手说："赶快吃饭吧，一会儿还要去上学呢！"或者说"和学习无关的事情你就趁早别想了"。久而久之，他就不愿意向父母倾吐内心的真实想法了。

这个孩子还说，每当妈妈谈到他学习上的事情时，总是激情万丈、眉飞色舞、指手画脚，说"今年中考重点高中的录取分数是多少"、"你必须好好学习，考上哪所重点高中"、"你有时间一定要多看书，不然的话难以考出好成绩"……每当妈妈说这些的时候，他就装出认真听话的样子，其实内心非常反感。

他表示自己在慢慢长大，在感情、人际交往方面有很多困惑，他非常希望得到父母的指导和帮助。因为有时候这些事情会长时间困扰着他，影响他的学习。但是他表示他内心的想法绝对不会和父母分享的，因为父母只对学习的话题感兴趣，其他别的话题他们根本听不进去。所以，他认为平时和父母没有什么话可说，与父母沟通是件很难的事情。

这个孩子遇到的问题带有普遍性，父母除了与他交流学习上的事情，对其他似乎不感兴趣。其实父母应该理解孩子，除了学习，他还有感情和思想方面的问题需要和父母沟通。只有耐心倾听孩子的想法，才能有的放矢地指导孩子，这也是对孩子的尊重，更是赢得孩子尊重的前提。另外，父母应主动创造谈话情境，营造平等的交流氛围，沟通中要放下父母的架子，才会增加彼此间的亲近感。若想真正使父母与子女之间保持愉快有效的沟通，不妨从以下几个方面努力：

第一，理解并尊重孩子

被人尊重是人的基本心理需求之一。当孩子觉得父母理解、尊重自己的时候，他的内心就会充满温暖和轻松，而不会有疑虑和孤独的感觉。因此，理解并尊重孩子是拉近父母与孩子心理距离的有效方式，既可以有效缩小代沟，又可以增进父母和子女之间的感情。

第二，坦诚地把自己的想法告诉对方

在沟通过程中，双方都应做到坦诚，把自己的真实想法告诉对方，使对方能够感受到你彼此间的信任。另外，父母指导、教育孩子的时候，言语中应该充满关爱和善意，这可以大大减少由于父母"言辞不妥"而引起孩子的抵触心理。

第三，尝试和孩子亲密接触

我们都知道，孩子小的时候，通常被我们抱在怀里，或是被我们牵着手，但是当孩子长大之后，这种温馨的行为就越来越少。一篇题目为《你拥

抱过吗，耳语过吗》的文章中说：在拥抱中，人可以获得安全感和信任感，是一种全身心的休息。拥抱可以缓解焦躁的情绪。还有耳语等亲密的姿态，更有利于孩子亲近父母、接受父母的教育。父母与孩子需要沟通，但是沟通不仅仅是用嘴，而要用心去听，用心去说。可以说，用心是最好的沟通。

总而言之，有代沟不是什么可怕的事情，没有沟通交流才是最可怕的事情。在沟通中，父母不仅可以帮着孩子总结成功、失败的得与失，还可以了解到孩子真实的想法，这才是对孩子最好的人生教育，反过来也是对自己家庭教育的一种肯定，这有助于增进亲子之间的感情，消除隔阂。

理解，是最好的沟通方式

有人说，理解是最好的沟通，所以，代沟的化解离不开双方的理解。随着孩子一天天地长大，他们的知识面、接触面也不断增大，他们对一些问题开始有了自己的观察、思考和看法，并根据自己的想法做事。如果父母还把孩子当做无知者，对孩子横加干涉，孩子就会产生反感。特别是当孩子追求自己的兴趣爱好时，父母常常认为这会影响学习而去阻止孩子。当然，孩子对父母的良苦用心也可能存在偏见和不理解。正是这种相互的不理解才造成了代沟的加深，增加了沟通的难度。

其实，如果父母和孩子能站在对方的立场上，感受对方的心情，问题就很容易解决了。理解是构建和谐家庭的重要元素，孩子的成长离不开父母的理解。很多父母不理解孩子内心的苦闷，抱怨孩子学习不努力，让孩子觉得非常委屈。

上小学五年级的时候，李晨爱上了摇滚乐，并且对外出游玩产生兴趣。因为他希望用摇滚乐来宣泄烦乱的心情，想通过外出游玩来缓解学习的压力。一次他准备和三个同学去公园游玩，但是父母不同意。为了不让自己失约，李晨偷偷地和同学出去了。当他回家的时候，父母不等他开口，就臭骂了他一顿，当时李晨感觉委屈极了。从那以后，李晨不再愿意把自己的事情告诉父母。

在初二的时候，李晨和班上一个女同学成了很好的朋友。但是因为她的学习很差，父母就阻拦他和那个女生交往……

当父母和孩子之间缺少理解的时候，沟通就成了问题。没有沟通和交流，父母和孩子之间就很容易产生隔阂。想必父母都有这样的体会：孩子越大，与他们沟通就越难，甚至不知应该怎样去交谈。其实，作为孩子，他们非常希望和父母进行贴心的交谈，但是很多时候父母却强行关闭了理解的大门，所以才使孩子不愿意和我们交流。

出于对孩子的关爱，一位母亲经常对女儿唠叨说"不许你和任何男生来往"。有一次，几个男生来邀请女儿去同学家过生日，却被女孩的母亲臭骂了一顿。这让女儿感觉在同学面前丢尽了面子，那些男生也不再跟她来往。为此，女孩怨恨母亲："你们怎么对我，我就怎么对你们。"她对着父母大声嚷嚷道："我就是故意不好好学习，我就是想气你们！你们给我的钱我会毫不客气地花光。"

如果孩子视父母如"冤家"，经常与父母对着干，或是将自己封闭起来。这无疑让父母感到痛心，看着自己一手拉扯大的孩子，如今的表现与陌生人无异。这时候，双方的理解就显得格外重要。但很多父母却不知怎样理解孩子，而孩子有时候也不懂得如何理解父母。

理解就是设身处地地为对方着想，站在对方的位置考虑别人的感受。父母应该放下家长的权威，发自内心地接受孩子。因为青春期的孩子，非常重视同龄朋友之间的交往，做父母的如果不能理解他们，孩子就会向外寻找理

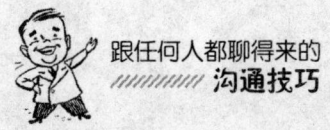

解他们的人。反之,父母如果理解孩子,孩子就会感到家庭的温暖、安全,就愿意与父母沟通。

当我们的孩子处于青春期时,他们首先需要我们的理解,其次才是我们的教育和引导。没有理解的教育,是没有效果的教育。当父母懂得对孩子尊重和信任,孩子也会投桃报李,他们也能体会到父母的用心良苦,体会到父母的初衷是好的,这样,父母就更容易被孩子所接受。在互相理解的心态下,代沟也就慢慢消除了。

轻声细语,胜过声嘶力竭

有些孩子对于父母说的话就像没听见一样,任凭家长在一旁喊得声嘶力竭,孩子都无动于衷。孩子为什么会这样呢?一起看下面的例子。

"丁丁,去把手洗干净,要吃饭了。"7岁的丁丁自顾自地看着动画片,对于妈妈第三次的召唤他仍然无动于衷。妈妈火了,扯着嗓子大声训斥:"你没长耳朵吗?没听见我在叫你吗?"并走上前去关掉了电视。丁丁很无辜地垂下眼皮,很不舍地走出房间,随后低声嘟囔:"你玩电脑的时候,我叫你,你不也听不见嘛!"

生活中经常会出现这样的场景,家长们为此感到十分疑惑,心想:"孩子为什么对我的话无动于衷呢?"有的父母认为孩子这样的行为是一种不尊重家长的行为,如果继续这么纵容下去,孩子早晚会变得目空一切。

其实,遇到这种情况,父母不妨往好的方面去想想,孩子注意力集中不正表现于此吗?同时,不要急于给孩子扣帽子,责骂孩子"不长耳朵",而要鼓励孩子,用爱心去感化孩子,并传达对孩子的信任。父母还应该及时地反省自己，看看自己有没有过错。

很多家长都出现过这样的行为，对着孩子大喊："我再警告你一次，下不为例，这也是你最后一次，你听见没有？！"父母的怒火并不能让孩子改掉上述习惯。这样做，会让我们精疲力竭，但却很难奏效。试想一下，叫喊怎么可能让孩子做出改变呢？

更关键的是，大声的说教方式只会把孩子带到对立面，亲子关系也渐渐疏远。每一次对立，都会让彼此的关系更为恶化。

同时，我们管教孩子的成果也会因怒火毁于一旦。粗暴的说教方式对孩子的成长是极为不利的。一旦家长这样粗暴的教育方式成为习惯，孩子对家长说的话也就会是"左耳进、右耳出"了。

英国教育协会的斯塔朋·斯科特教授表示，大声吼叫孩子是一个糟糕的现象，"大声吼叫并不能唤起孩子对这个世界的激情，相反，孩子很抵触家长对于自己的怒吼，这对他们心灵的伤害是巨大的。"美国心理学家苏·格哈特也认为，有时候，孩子的压力是因为家长对自己的怒吼而产生，而且怒吼对于孩子大脑的成长是极为不利的。

对孩子大声喊叫下命令是最不明智的做法。应该用温和的态度对孩子进行说教，这样孩子才会觉得我们的说教是正确的，他们才愿意按照我们说的去做。

还拿妈妈催促正玩得高兴的孩子吃饭做例子。显然，孩子正在兴头上，妈妈大叫："准备吃饭了，赶紧洗手！"一般不大可能有效果。此时对孩子发火，孩子反倒难以理解父母的反应。如果想让孩子听话，请家长们放下手中的事情，把孩子带到一个安静的场所并对他们用舒缓的方式说教。其实，每个孩子都有着很强的好奇心，我们对他说话的方式越是柔和，他越能对我们说的话产生信服感。

如果妈妈实在是生气了，可孩子还是没有任何反应，妈妈就需要来到孩子面前，轻抚孩子的肩膀，叫他的名字，帮助他停下手里的事情。当孩子注意力发生转移时，我们再开始说教。说话时，妈妈最好用双眼注视着孩子。

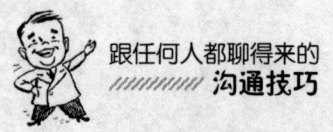

这样有助于将双方带入平静的状态，久而久之，孩子也会养成看着别人说话的习惯，这是一种尊重别人的表现。

父母学会控制自己很重要，在我们将要发怒的时候要想办法使自己平静下来。比如，数几个数，或是对自己进行深呼吸。如果我们不能做到上述那样的情景，情绪失控的我们选择对孩子发了脾气，但记住一定要向孩子道歉，告诉孩子家长也是普通人，也会犯错误，但是一定会改正的。

批评是为了成就孩子，而不是伤害孩子

很多家长一提到批评，就会想到言辞激烈、狂风暴雨的场面，事实上，和声细语，打"温情牌"，对犯错的孩子多一丝宽容，使孩子的内心受到感化，往往会收到更加神奇的教育效果。正如前苏联教育家苏霍姆林斯基所说："有时宽容所起的道德震动将比惩罚更强烈。"

怀着愧疚心情的方圆回到家中，因为贪玩她回家晚了，妈妈责备她说："你太不像话了，这么晚才回家！"方圆立刻回了妈妈一句："随你怎么说吧！"然后，一头扎进了自己的房间就不出来了。

反复出现这样的情况后，妈妈也在反思自己：孩子现在的自我意识和自尊心越来越强。反复出现这样的现象，是自己没有注意到孩子的变化，说教孩子的时候无形中伤害到了孩子的自尊心，也难怪孩子"反抗"了。

意识到了这些，当方圆又一次贪玩回家晚的时候，妈妈改变了说话方式。妈妈这样说："先吃饭吧，你一定饿坏了。知道吗？饭早就做好了，爸爸妈妈一直在等你呢。"方圆听妈妈这样一说，有点意外，但很快她就主动向妈妈解释她晚归的理由，并请父母原谅。

没有批评的教育是不完整的教育。如果父母不得不批评孩子，也不要总是用那种刻板的方法，最好能换种孩子容易接受的说法。这样，孩子会认为父母照顾到了自己的面子，因此才不会产生逆反心理。

北斗是一个可爱的孩子，但总是小错不断，妈妈用尽了各种方法，他就是改正不了。这让妈妈很为难。有一天，妈妈有事要晚回家，给北斗写了一个留言条在桌子上，告诉他回家之后先做什么，再做什么。结果，北斗那天的表现非常好，一点错误都没犯。于是，从此以后，妈妈就把北斗的错误用小纸条的形式写出来，婉转地告诉他，有些事情该怎么做。如果北斗连续几天没犯错误，妈妈就会在小纸条上写满鼓励的话。

这位妈妈的这种教育方法抓住了小孩子好奇心强的特点。当小孩子看到新鲜事物时，他总是会因此琢磨半天，而当他发现了一张小纸条的时候，他肯定迫切地想知道纸条上的内容。当孩子读懂纸条上的内容时，他也会为此感到十分高兴，并为此留下深刻的印象。

在批评教育犯错误的孩子时，如果能换一种批评方法，在批评的"冷酷"之中，加进去一点温情的鼓励，那么我们的批评可能就会收到事半功倍的效果。

我国著名教育家陶行知在育才小学当校长时，看到一位同学正在用石块打另一位同学，就上前制止了他，并要求他在放学后去校长室门口等候。

下午放学后，陶行知回到校长室，发现那位同学已经在校长室门口等候了，就掏出一颗糖果给他说："这是奖励你的，因为你比我还要准时。"接着又掏出一颗糖果给他："这也是奖励你的，因为我制止你

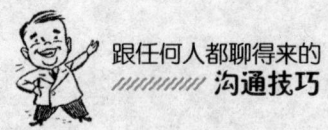

打同学,你马上就停止了,说明你尊重我。"那位同学诚惶诚恐地接过糖果。陶行知又说:"听说,你打同学是因为他欺负女生,说明你非常有正义感。"于是又掏出第三颗糖果给他。这时那位同学哭了,对陶行知说:"校长,我错了,同学再不对,我也不能打。"陶行知满意地笑了,立刻又掏出第四颗糖果说:"你已经知道错了,再奖励你一颗,我们的谈话到此结束。"

批评孩子是一门艺术。批评得当,对孩子会产生积极的影响;批评不当,容易造成孩子逆反心理的产生,之前的教育成果也会因此毁于一旦。陶行知换了一种批评的方式,就让孩子在甜蜜、新奇中受到了教育。

批评是为了成就孩子,而不是伤害孩子。如果家长在批评孩子时讲究一些方式方法,照顾孩子的情绪,尊重孩子的感受,家长的教育将有意想不到的效果。孩子从这样的说教中感受到父母的关爱,他们也自然会心悦诚服地接受家长的批评。即使在某方面产生分歧时,家长心平气和的说话方式,不会再让孩子产生顶撞家长的心理了。以激励的口吻批评孩子,不仅保护了孩子的自尊心,也能让孩子正视自己的错误,并加以改正。

允许孩子争辩,给他发表意见的权利

在教育孩子的时候,父母经常会遇到孩子回嘴、反驳、顶撞等看似不礼貌的行为。面对这种争辩,有些父母会将孩子的这种行为视为对自己的不尊重,是一种不礼貌的行为,于是狠狠批评孩子,甚至打骂孩子,希望孩子以此为戒;而有些父母则给孩子争辩的权利,认真地听取调皮孩子陈述争辩的理由。

到底应该怎样面对调皮孩子的争辩呢?德国儿童心理学专家认为,孩子敢于同父母进行争辩，是一种自信的表现，以后会比较合群和有创造力。汉堡心理学家安格利卡·法斯博士证实："隔代人之间的争辩，对孩子来说是走上成人之路的重要一步。"

颜先生身为某市科技协会副主席，对儿子在学校的表现充满期待，他希望儿子当个三好生。可是儿子上初三了还没有当上三好学生。一次，儿子把取回的成绩报告单交给他时，他发现儿子的成绩很好，但老师的评语中有一条是：上课喜欢做小动作。于是他生气地数落儿子。

听了爸爸的指责，儿子坐在沙发上大哭起来。等颜先生说累的时候，儿子突然对他说："爸爸，你能不能听我讲个故事？"颜先生感到很奇怪，就答应了儿子。

儿子讲的故事是：两个小组参加一次竞赛。预赛中，甲组因为某同学造成的失误，致使最后的成绩很不理想，于是全组成员一致声讨了那位出错的同学。在决赛中那位同学很有压力，表现得很紧张，结果又出错了，最后甲组被淘汰出局。预赛时，乙组也有一位同学出现了失误，但大家没有对他进行过多的指责，而是一再鼓励他，提醒他放松些，结果在决赛中那位同学发挥很好，他们赢得了最终的胜利。

听完故事，颜先生不免吃惊。他有些不好意思地坐到儿子的身旁，问他还有没有要说的。儿子说："我们班里得到三好学生的同学，他们大多在五好家庭的环境中成长。"颜先生听懂了，从此他对儿子不再指责，而且允许孩子与自己争辩，因为他从儿子的争辩中得到了很多启发。后来，儿子被重点大学录取，在这期间，儿子收获了很多荣誉。

面对不满的事物，孩子有权发表自己的意见。敢于与父母争辩，证明孩子的勇气，精神可嘉。允许孩子与父母争辩，可以为父母竖起一面镜子，父母通过听取孩子的争辩来检验自己的教育方法是否得当，说得是否在理，如果发现不妥之处可以随时调整，这对教育孩子是有好处的。

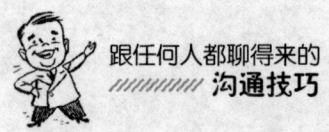

跟任何人都聊得来的沟通技巧

孩子同父母争辩的时候，往往是他们最得意的时候。在这种兴奋的状态下争辩有助于孩子大脑的发育，并且可以体现出家庭民主的气氛，增强孩子的语言表达能力。研究发现，敢于同父母争辩的调皮孩子长大后大都有较强的交际能力，这对孩子将来的发展是大有好处的。

在一场家长交流会上，一位身为教师的父亲说，教学生不是难事，但是教育儿子却不得法。他儿子头脑聪明，很顽皮、好动，经常惹他和妻子生气。而当他批评儿子的时候，儿子竟然敢和他争辩，这让他大为不悦。于是劈头盖脸地打儿子，从小一直打到他上小学三年级。

有一天，儿子要父亲给他买一些图书，但是父亲没有同意，儿子就跟父亲理论，最后他们争辩起来，后来父亲被儿子一句话顶得哑了口，就打了儿子一顿。打完之后他发现儿子的眼神充满了仇恨，这不禁让他大吃一惊。

第二天，父亲对儿子说："爸爸今天陪你去书店买书，你看中的书只要有助于你学习，爸爸就给你买。"儿子对父亲投来了怀疑的目光，似乎在怀疑父亲的真诚。父亲耐着性子又向儿子复述了一遍，就骑车带儿子来到书店。在路上父亲问儿子："爸爸昨天打你了，你有什么想法？"儿子沉默不语。父亲又说："爸爸保证，一定不会发火，不打你，你把心里的想法告诉爸爸。"儿子看父亲态度诚恳，就说："当时我恨死你啦！""怎么恨法？""恨得骂你。""骂什么呢？""骂你是个鬼……"父亲一听，大为吃惊。

从那以后，父亲再也不打儿子了。面对孩子的争辩，他控制自己冷静下来，认真倾听儿子的想法，并用晓之以理的做法回应儿子的争辩。说来也怪，儿子慢慢对父亲产生了好感，变得懂事多了。家里有了民主的氛围，再也没有"火药味"了。

给孩子自由发表意见的权利，允许孩子争辩，是促使家庭民主的重要方式。因此父母应该树立与孩子争辩的观念，不要认为孩子与自己争辩是丢面子的事情。如果父母因为孩子调皮不听话，喜欢与自己争辩，就认为那是不尊重自己的表现，那就错了。

父母同意孩子和自己争辩，这不是坏事，父母要善于从孩子的争辩中获得孩子的想法，孩子也可以在争辩中锻炼自己的思维能力和口才。若孩子获胜，孩子就会从中找到一种成就感和喜悦感，既让孩子认识了自己的能力，也借机锻炼了他们的意志。因此，父母应该给孩子营造一个平等的氛围。在争辩的过程中，父母应正确引导，以德服人，不要觉得孩子和自己争辩，孩子就不是个好孩子。

多给孩子一些鼓励，少一些挖苦

希望自己的孩子出类拔萃，是每个父母的心愿。但是当孩子无法满足父母的心愿时，许多父母便会感到悲观失望、心灰意冷，并在不经意间对孩子的未来加以否定。比如，有的父母看到孩子不认真读书或是不听自己话时，就气急败坏地说出一些令人泄气的话："你这辈子完蛋了！""你将来还会有什么出息呢？""你还想考上北大，做梦吧！"

确实，说出这些话让父母很解气，但却对孩子造成了致命的伤害，因为它很可能磨蚀孩子对未来的憧憬和期盼。而当孩子对自己失去了信心，认为自己是一个没有前途的人时，他怎么会好好读书呢？

一项社会调查显示，不少孩子犯罪是因为长期生活在父母的蔑视中，对未来的信心受到了打击，产生了挫折感。于是产生了"破罐子破摔"的想法，从而走向堕落，变得自暴自弃起来。不论孩子的年纪如何，父母对他的评价都是孩子最在乎的，父母对孩子前途的否定，会给孩子带来极大的打击。尤其是年龄较小的孩子，对父母的话更加在意。

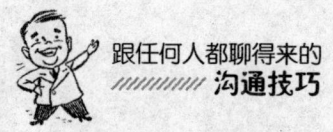

　　李薇是一个初三的学生,父母都对她说:"你好好读书就行了,不要为其他的事情担心。"但是他们不知道,李薇的成绩并不理想,每当考试成绩不理想的时候,她总是悄悄落泪,但是又不敢告诉父母。

　　初三上学期的期中考试结束了,李薇的成绩十分不理想,她的心理负担很重,害怕父母的批评和责骂,害怕亲戚朋友的笑话。但是可怕的事情终于来了,放学回家后妈妈问李薇:"期中考试的成绩怎么样?"李薇吞吞吐吐了半天,不敢把成绩告诉妈妈。这时爸爸走了过来,严厉地问李薇:"考得怎么样啊?不会说话吗?"李薇只好如实相告。

　　果然不出李薇的预料,爸爸妈妈得知了她的成绩非常生气。他们说:"我们给你好吃的好喝的,不让你做任何事情,你竟然考这么一点分,看来你这辈子完了,读完初中就去打工算了,考什么大学啊!"

　　面对父母的责骂,李薇默默地流着眼泪。说实话,李薇也付出了,每天她都在认真地学,可是……爸爸妈妈从来没有体会到她的感受,进步了不给予鼓励,退步了又非常不满,李薇的心一次又一次地被父母伤害。面对责骂,她不敢争辩什么,她害怕伤害了父母。

　　当孩子考试成绩不理想的时候,他们心里会很难受,他们希望父母给自己安慰和鼓励,而不是批评和指责,特别是否认孩子的未来,把孩子看得一无是处更是错误的。

　　许多父母对孩子有这样一种心理,那就是"恨铁不成钢,急死亲爹娘"。他们为孩子投入了许多金钱和心血,孩子的成绩却远离他们的期望,这确实是一件让人沮丧的事情。但是那也不必急着否定孩子的未来。因为一个人的前途和未来是难以预料的。如今的许多企业家,有的是农家子弟,或是调皮捣蛋的"坏孩子"。

　　一个人能否有美好的未来,取决于多方面的因素。有的孩子不会读书,但是擅长经营,有的孩子不会写作,但是擅长与人打交道。所以,父母不能轻率地否定孩子的未来，不管孩子目前多么平淡无奇，只要给孩子鼓励和认可，让孩子对未来抱着"前途大有可为"的信念，就会激起无穷的力量。

爱迪生、安徒生以及爱因斯坦等等，在孩童时期并不是父母眼中的聪明孩子。但是他们在父母的鼓励下，凭借自己的努力，获得了非凡的成就。所以，请父母不要把孩子看扁了，不要把话说绝了。

心理学家在调查中发现，带有"傻瓜""没用的东西""废物""你这辈子完蛋了"等字眼的话语是最让孩子们感到恐惧和自卑的话。孩子之所以害怕父母或老师说出这样的话，是因为他们的心理、意志是脆弱的，他们也希望得到肯定和支持，孩子在精神上阳光与否，取决于父母的话够不够激励；粗暴的呵斥只会让孩子觉得颜面扫地，无地自容。

我们每个人都是从年幼时成长起来的，有谁没在小时候出现过错误和问题呢？聪明的父母绝对不会否定孩子的未来，而是用指导的话语引导他们渡过难关。聪明的教育方式就是不挖苦自己的孩子。请抛弃一些负面的评论吧，向自己的孩子倾注更多的关爱。这样，孩子才会健康快乐地成长。

父母，有时也可以当回小孩

一位教育家说过这样一句话，他说："要想和孩子达到理想的情感沟通，就要学会和孩子交朋友，建立一种完全平等的朋友式的亲子关系。"也就是说，要父母们适当放下家长的架子，和孩子平等地交流。

现实生活中，很多父母都喜欢训斥孩子："我的话你怎么就不听呢？""你必须这样做？""我说了算还是你说了算？""你知不知道这样做是不对的？""你应该这样做……"这样的话语经常出现在父母和孩子之间，也许父母认为自己总是对的，但如果孩子同样也认为自己是对的，那么父母和孩子之间就没有平衡点，只有火力爆发点，而受伤的总是孩子。

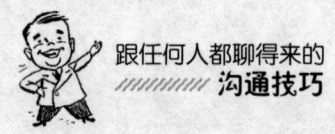

一个12岁的小女孩,平时都是自己的衣服自己洗,然后叠放好。然而有一天,妈妈发现她的脏衣服堆了一堆却不去洗,就训斥了她,认为这样她就不会忘了。可是接下来的一周,小女孩还是没有洗。妈妈终于发火了,她把女儿拉到洗衣机旁,强迫她把衣服洗了,并且说:"记住了吗?下次记住及时洗衣服,否则就没有衣服穿!"此时,女孩的眼中充满了委屈的泪水。

孩子就是孩子,无论他多么成熟,他还是不能达到成年人的境界,因此我们就不能完全用成年人的标准来要求孩子。与其训导孩子有一个好习惯或者是改掉某些毛病,不如与孩子一起朋友式地讨论问题,在讨论中让孩子懂得应该怎样,而不是单纯地要求他必须怎样。

有些父母对孩子,总是像上级对下级那样,总在强调他们自己的观点与尊严,而不顾及孩子的想法。这样做,不仅得不到孩子的认同,反而容易引起孩子的反感,而且会严重破坏父母在孩子心目中的形象。

从心理上分析,有的家长根本就没有考虑过孩子的想法,只是在显示自己作为父母的权力,标榜父母的身份、年龄与体力。弱小的孩子抗争不过,就只能用沉默来反抗,进而引发孩子的对抗心理。

许多父母在无法对孩子实行有效的教育时,就会动用权力,强迫孩子去做。这种武断的教育方法会让孩子的抵触心理更加浓厚,开始孩子可能在父母的强制下做了,可是次数多了,孩子就会产生很大的反抗情绪。根据"哪里有压迫,哪里就会有反抗的"理论,这种亲子间不平等的交往会导致亲子关系急速恶化,甚至会到不可收拾的地步。

孩子比较喜欢孩子气的父母,并与之产生依恋关系。虽然说孩子的独立意识不强,但是,也在慢慢地形成自己的看法。一味地命令孩子该干什么不该干什么,会引起孩子的不满和逆反心理。说到底,父母在与孩子说话前一定要先放下家长的架子,把孩子看作一个独立的个体,尊重并关爱他,以平等的态度去对待他,从而渐渐让孩子愿意对我们打开心扉。

例如,孩子总是忘记带上课的用具,如果父母只是简单地训斥、教导,提要求说:"你应该知道第二天上课应当带的用具,不应该忘记,为什么总是不改呢?"那么孩子很可能会说:"知道,怎么老是这一套,都快烦死了。"孩子原本有的惭愧之心被父母的一番训斥换成了一腔怨气。如果父母不是一上来就发脾气或指责,而是询问原因,毫无成见地说:"老师说你经常忘记带学习用具,今天又忘了,是这样吗?"当孩子承认后,父母继续问:"是不是时间太紧来不及收拾?"这样的方式就不是一味提要求、训斥的方式,而是尊重孩子,不主观臆断,给孩子解释的机会。

如果我们总是站在成人的立场,用成人的思维方式分析问题,告诉孩子他应该如何去做,孩子就会越发地怯于去尝试;如果我们坚持认为自己的经验丰富,总是滔滔不绝地向孩子灌输,不厌其烦地纠正他们的错误,认为孩子这也不行那也不行,孩子的积极性就会受到极大的打击。这不仅会使孩子丧失自信,更会限制孩子自己积累知识的机会。

相反,若我们用希望了解、希望倾听的态度与孩子讨论他们所遇到的困难,我们就是向孩子表示我们尊重他们的能力,尊重他们的独立性。这样孩子的积极性被鼓励,就会对自己更有信心。

当我们像面对知心朋友一样,向孩子请教一个问题,与孩子商量决定一件事时,可以想象他一定非常兴奋。因为他感到自己存在的重要,他尝到了平等相处的快乐。

沟通≠唠叨,给孩子一个清静的空间

在中国式家教中我们常常看到这样的现象:妈妈总是不厌其烦地对孩子进行叮嘱。当孩子玩耍的时候,父母唠叨:"快点去学习,作业还没有做完

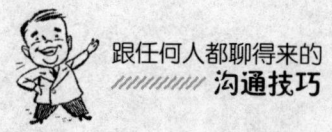

就开始玩。"当孩子不小心犯了错时,父母唠叨:"怎么这么不小心,长脑子了吗?"

通常,唠叨的话语就是机械地重复,一句话说了很多遍,会让孩子变得躁动不安,让孩子不能把精力全部放在学习上。

事实上,父母唠叨的内容大多是指向孩子的缺点和不足,没完没了地数落孩子,对他冷嘲热讽,就算说些表扬的话,也大多都是规劝式的"不许这样""不要那样"等,让孩子认为没有一点点自尊。同时,造成孩子心理叛逆的原因之一就是父母的唠叨,孩子们这时就会消极对抗,甚至和父母直接来场针尖对麦芒的大战。

一天课间,两个孩子进行了这样一番有趣的对话:

"嗨! 昨天我妈妈又唠叨了一晚上,就因为我考试时不小心漏写了一个小数点,听得我头都变成了两个!"

"你那算什么呀,上次我考了99分,我爸爸还埋怨我没有考满分,为此拿着试卷唠叨了一整天呢!我当时真想昏过去,因为我越听越烦。"

教育界的一些专家认为,人无完人,世上更没有十全十美的孩子。如果父母对孩子过于苛求,无异于一直在耳边没完没了"嗡嗡"的苍蝇,让孩子心生厌烦,父母这样做最后导致的结果就是孩子对他们的话无动于衷。

妈妈早早地起来,一边收拾房间,一边为李华宇准备早餐。6:30,牛奶、鸡蛋、面包准时端上桌,妈妈就开始一遍一遍地叫李华宇起床。妈妈叫了很多遍,一直到快7:00了,李华宇才从床上爬起来,刷了刷牙,随便吃了两口早餐就应付了事了。

与此同时,从房间里传来妈妈的唠叨:"你这邋遢大王,天天把自己的房间搞得乱七八糟,每天给你'擦不完的屁股'。每天让你起床都得喊破嗓子才动,你这样怎么去上学啊?而且早饭也吃得囫囵吞枣,身体是革命的本钱,胃要是坏了,看你怎么去上学。天天跟你说也没用。要是你每天起床早点的话,还用这么赶时间,也不会总是被老师批评你迟到了……"

李华宇对妈妈的话左耳进右耳出,抓起书包,一溜烟儿就跑了。妈妈追在李华宇身后喊着:"着什么急呀,毛毛躁躁的,考试也这样,难怪成绩总上不去。哎,上学的东西都带齐了吗,别又落下什么了,真是不能让人省心……"

唠叨是中国父母教育孩子中最常见的错。很多父母受自身文化水平所限,不能直接在学习上为孩子提供帮助,因此总是在孩子耳边唠叨,不是问孩子作业做完了没,就是问孩子有没有复习功课。实际上这是对孩子的一种干扰,还不如给孩子创造一个安静、舒适的学习环境。

据调查发现:经常唠叨,听的人根本不会往心走。这是因为长时间听同样的话产生了不在乎的心理。所以,身为父母,别把责任都推在孩子身上,平心而论,是不是自己的唠叨造成了孩子性格上的缺失。

赵娟很喜欢看课外书,每当放学回家,她就迫不及待地拿出《少年文艺》或者《故事会》,或是各种各样的作文选。

妈妈一看见赵娟手上的课外书,就生气地说:"作业做完了吗?还看课外书,快去做作业。"赵娟赶紧回答:"我看完这篇文章,马上就去做作业,就10分钟。""10分钟,你说的啊?"3分钟之后,妈妈又开始埋怨了:"看完了吗?还不赶紧做作业,又要写到晚上12点呀?"赵娟没有理她,而是继续看书,不过心里有点烦。

不一会儿,妈妈又埋怨:"你就和别的孩子不一样,人家一回家先做作业,你倒好,拿着课外书看个没完没了。作业写到深夜,时间不够用时就敷衍了事,这样怎么会提高成绩呢!"

每个孩子都知道回家要写作业，父母的唠叨往往会让孩子对写作业感到厌烦。虽然父母有责任对子女的不良习惯进行引导，但是如果没有注意方法而是一味唠叨，不但起不到引导孩子的效果，反而还会产生很多负面的影响。

反复唠叨只会让孩子心生反感。唠叨还会造成孩子的心理负担，并随之产生叛逆心理；随意性唠叨更容易分散孩子的注意力，孩子因此根本记不住父母所说的重点。所以，父母们请收起唠叨，给孩子一个清净的空间吧！